HET BESTE MAROKKAANSE KOOKBOEK

Ontdek het eten van een tijdloze keukenman met 100 moderne recepten

ELENA SCHOUTEN

Auteursrechtelijk materiaal ©2024

Alle rechten voorbehouden

in welke vorm of op welke manier dan ook worden gebruikt of overgedragen zonder de juiste schriftelijke toestemming van de uitgever en eigenaar van het auteursrecht, met uitzondering van korte citaten die in een recensie worden gebruikt. Dit boek mag niet worden beschouwd als vervanging voor medisch, juridisch of ander professioneel advies.

INHOUDSOPGAVE

- INHOUDSOPGAVE 3
- INVOERING 6
- ONTBIJT EN BRUNCH 7
  - 1. Marokkaanse Pannenkoeken (Baghrir) 8
  - 2. Marokkaanse Omelet Met Merguezworst 10
  - 3. Marokkaanse Khobz 12
  - 4. Marokkaanse muntthee 15
  - 5. Marokkaanse Shakshuka 17
  - 6. Marokkaanse spinazie-feta-omelet 19
  - 7. Marokkaanse Chicharrónes Con Huevo 21
  - 8. Marokkaanse ontbijtsoufflé 23
  - 9. Frittata met spek, rode paprika en mozzarella 25
  - 10. Marokkaanse Franse Toast 27
  - 11. Geladen Marokkaanse Polenta 29
  - 12. Ontbijtbulgur met peren en pecannoten 31
  - 13. Ontbijtzemelenmuffins 33
  - 14. Marokkaanse ontbijtwrap 35
  - 15. Marokkaanse hasj met twee aardappelen 37
  - 16. Marokkaanse eiermuffins 39
  - 17. Griekse godinnenkom 41
  - 18. Pijnboompitten Overnight Havermout 43
  - 19. Scramble van spinazie en eieren 45
  - 20. Feta en Tomaten Scramble 47
  - 21. Tartine van kersen en ricotta 49
  - 22. Omelet van tomaat en feta 51
  - 23. Griekse yoghurt met honing en noten 53
  - 24. Marokkaanse ontbijtkom 55
  - 25. Marokkaanse gekruide koffie 57
  - 26. Marokkaanse avocado-tomatensalade 59
  - 27. Marokkaanse Msemen (vierkante pannenkoekjes) 61
- SNACKS EN VOORGERECHTEN 63
  - 28. Marokkaanse Hummus met Harissa 64
  - 29. Marokkaanse Gevulde Dadels 66
  - 30. Marokkaanse Spinazie en Feta Briouats 68
  - 31. Marokkaanse Merguez-worst 70
  - 32. Marokkaanse leverkebabs 72
  - 33. Marokkaanse Yam Veggie Burgers 74
  - 34. Gevulde Tomaten 77
  - 35. Labneh met olijfolie en Za'atar 79
  - 36. Zoute Kabeljauwbeignets Met Aioli 81

37. Garnalenkroketten 83
38. Krokante garnalenbeignets 85
39. Calamares Met Rozemarijn En Chili-olie 87
40. Tortellini-salade 89
41. Pastasalade caprese 91
42. Balsamico Toast 93
43. Pizzaballen 95
44. Sint-jakobsschelp en prosciutto-hapjes 97
45. Aubergines met honing 99
46. Dip van geroosterde rode paprika en feta 101
47. Spaans -Marokkaanse rundvleeskebabs 103
48. Marokkaanse Avocadohummus 105
49. Marokkaanse Tomaat Toast 107
50. Knapperige Italiaanse popcornmix 109
51. Rode paprika en feta dip 111
52. Marokkaanse Hummusdip 113
53. Feta en olijventapenade 115
54. Marokkaanse Gevulde Druivenbladeren 117

HOOFDGERECHT 119
55. Marokkaanse bakplaat met kip 120
56. Marokkaanse Kikkererwten-Tajine 123
57. Marokkaanse Kikkererwtenstoofpot 126
58. Marokkaans-gekruide kikkererwtenkommen 128
59. Marokkaanse gestoofde lamsschouder met abrikoos 130
60. Marokkaanse lams- en harissaburgers 133
61. Rijst- en kikkererwtenbak op Marokkaanse wijze 135
62. Marokkaanse zalm- en gierstkommen 137
63. Stoofpot van tuinbonen en vlees 140
64. Marokkaanse Lams Chili 142
65. Tuinbonenpuree - bissara 144
66. Tajine van lam en peer 146
67. Marrakesh rijst- en linzensoep 148
68. Dikke kikkererwten-vleessoep / hareera 150
69. Marokkaanse Quinoa-kom 152
70. Kip Marsala 154
71. Marokkaanse groentewrap 156
72. Knoflook Cheddar Kip 158
73. Garnalen Met Pesto Roomsaus 160
74. Spaanse Ratatouille 162
75. Garnalen met Venkel 164
76. Gebakken Marokkaanse Zalm 166
77. Witte Bonensoep 168
78. Garnaal _ gamba's 170
79. Gegrilde Citroenkruidkip 172

80. Tomaat- en basilicumpasta 174
81. Gebakken zalm met Marokkaanse salsa 176
82. Stoofpotje van Kikkererwten en Spinazie 178
83. Citroen-knoflook-garnalenspiesjes 180
84. Quinoa Saladekom 182
85. Aubergine en Kikkererwtenstoofpot 184
86. Citroenkruid Gebakken Kabeljauw 186
87. Marokkaanse Linzensalade 188
88. Met spinazie en feta gevulde paprika's 190
89. Garnalen- en avocadosalade 192
90. Italiaanse Gebakken Kippendijen 194
91. Met Quinoa Gevulde Paprika's 196

NAGERECHT 198

92. Marokkaanse sinaasappel- en kardemomcake 199
93. Marokkaanse Sinaasappelsorbet 201
94. Abrikozen- en amandeltaart 203
95. Marokkaanse Gebakken Perziken 205
96. Olijfolie en Citroenkoekjes 207
97. Marokkaanse fruitsalade 209
98. Marokkaans Honingpudding _ _ _ 211
99. Bloemloze cake met amandel en sinaasappel 213
100. Sinaasappel- en olijfoliecake 215

CONCLUSIE 217

INVOERING

Marhaban! Welkom bij «Het beste marokkaanse kookboek», uw toegangspoort tot het verkennen van de tijdloze en betoverende wereld van de Marokkaanse keuken door middel van 100 moderne recepten. Dit kookboek is een eerbetoon aan het rijke scala aan smaken, aromatische kruiden en culinaire tradities die de Marokkaanse keuken bepalen. Ga met ons mee op een gastronomische reis die de allure van Marokko naar uw keuken brengt, waarbij traditie met een moderne twist wordt gecombineerd.

Stel je een tafel voor die versierd is met geurige tagines, levendige couscousgerechten en decadente gebakjes - allemaal geïnspireerd door de diverse landschappen en culturele invloeden van Marokko. «Het beste marokkaanse kookboek» is niet zomaar een verzameling recepten; het is een verkenning van de ingrediënten, technieken en verhalen die de Marokkaanse keuken tot een symfonie van smaken maken. Of je nu Marokkaanse roots hebt of gewoon de gedurfde en aromatische smaken van Noord-Afrika waardeert, deze recepten zijn gemaakt om je door de fijne kneepjes van de Marokkaanse keuken te leiden.

Van klassieke tagines zoals lamsvlees met abrikozen tot moderne varianten op couscous en inventieve gebakjes: elk recept is een ode aan de versheid, kruiden en gastvrijheid die de Marokkaanse gerechten kenmerken. Of u nu een feestelijke bijeenkomst organiseert of geniet van een gezellige familiemaaltijd, dit kookboek is uw hulpmiddel bij uitstek om de authentieke smaak van Marokko op tafel te brengen.

Ga met ons mee terwijl we de culinaire landschappen van Marrakesh doorkruisen naar Chefchaouen, waar elke creatie een bewijs is van de levendige en diverse smaken die de Marokkaanse keuken tot een gekoesterde culinaire traditie maken. Dus trek je schort aan, omarm de geest van de Marokkaanse gastvrijheid en laten we beginnen aan een verrukkelijke reis door «Het beste marokkaanse kookboek».

ONTBIJT EN BRUNCH

1. Marokkaanse Pannenkoeken (Baghrir)

INGREDIËNTEN:
- 1 kopje griesmeel
- 1/2 kopje bloem voor alle doeleinden
- 1 theelepel actieve droge gist
- 1 theelepel suiker
- 1/2 theelepel zout
- 1 1/2 kopjes warm water
- 1 theelepel bakpoeder

INSTRUCTIES:
a) Meng griesmeel, bloem, gist, suiker en zout in een blender met warm water tot een gladde massa. Laat het 30 minuten rusten.
b) Voeg bakpoeder toe aan het beslag en mix nog een paar seconden.
c) Verhit een pan met antiaanbaklaag op middelhoog vuur.
d) Giet kleine cirkels beslag in de pan. Kook totdat er belletjes op het oppervlak ontstaan.
e) Draai om en bak kort aan de andere kant.
f) Herhaal dit tot al het beslag op is.
g) Serveer de pannenkoeken met honing of jam.
h) Geniet van je Marokkaans geïnspireerde ontbijt!

2.Marokkaanse Omelet Met Merguezworst

INGREDIËNTEN:
- 4 eieren, losgeklopt
- 1/2 kopje gekookte en gesneden merguez-worst (of een andere pittige worst)
- 1/4 kop in blokjes gesneden tomaten
- 1/4 kop gehakte uien
- 1/4 kop gehakte verse koriander
- Zout en peper naar smaak
- Olijfolie om te koken

INSTRUCTIES:
a) Verhit olijfolie in een koekenpan op middelhoog vuur.
b) Fruit de uien tot ze zacht zijn, voeg dan de in blokjes gesneden tomaten toe en kook kort.
c) Voeg de gesneden merguezworst toe en bak tot deze bruin is.
d) Klop in een kom de eieren los en breng op smaak met zout en peper.
e) Giet de losgeklopte eieren over de worst en de groenten in de koekenpan.
f) Strooi er gehakte koriander overheen.
g) Kook tot de eieren gestold zijn en vouw de omelet dubbel.
h) Serveer warm en geniet van je smaakvolle Marokkaanse omelet.

3.Marokkaanse Khobz

INGREDIËNTEN:
- 4 kopjes bloem voor alle doeleinden
- 2 theelepels zout
- 2 theelepels suiker
- 1 eetlepel actieve droge gist
- 1 1/2 kopjes warm water

INSTRUCTIES:
a) Meng in een kleine kom het warme water, de suiker en de actieve droge gist. Roer en laat het ongeveer 5-10 minuten staan, of totdat het schuimig wordt. Dit geeft aan dat de gist actief is.
b) Meng de bloem en het zout in een grote mengkom.
c) Maak een kuiltje in het midden van het bloemmengsel en giet het geactiveerde gistmengsel erin.
d) Begin met het mengen van de ingrediënten tot een plakkerig deeg.
e) Leg het deeg op een licht met bloem bestoven oppervlak.
f) Kneed het deeg ongeveer 10-15 minuten tot het glad en elastisch is. Mogelijk moet je wat meer bloem toevoegen om plakken te voorkomen, maar zorg ervoor dat het deeg een beetje plakkerig blijft.
g) Doe het deeg terug in de mengkom, dek het af met een schone theedoek en laat het ongeveer 1 uur rijzen op een warme, tochtvrije plaats, of tot het in volume verdubbeld is.
h) Na de eerste rijzing het deeg platdrukken om luchtbellen te verwijderen.
i) Verdeel het deeg in 6-8 gelijke porties, afhankelijk van de gewenste grootte van je khobz.
j) Rol elke portie tot een bal en druk deze vervolgens plat tot een ronde schijf, ongeveer 1/4 inch dik. Het formaat moet vergelijkbaar zijn met dat van een klein bord.
k) Plaats de gevormde Khobz op een met bakpapier beklede bakplaat.
l) Bedek ze met een schone theedoek en laat ze nog eens 30-45 minuten rijzen.
m) Verwarm uw oven voor op 220°C.
n) Vlak voor het bakken kun je eventueel met je vingertoppen kleine inkepingen in de khobz maken.
o) Plaats de bakplaat in de voorverwarmde oven.
p) Bak ongeveer 15-20 minuten of tot de khobz lichtbruin zijn en een lichte korst hebben.
q) Serveer de Marokkaanse Khobz warm. Het is perfect voor het opscheppen van Marokkaanse stoofschotels, tagines of voor het maken van sandwiches.

4. Marokkaanse muntthee

INGREDIËNTEN:
- 2 eetlepels Chinese groene thee
- 5 kopjes Kokend water
- 1 Bosje verse munt, gewassen
- 1 kopje Suiker

INSTRUCTIES:
a) Doe thee in een theepot. Giet er kokend water in.
b) Steil gedurende 3 minuten.
c) Voeg munt toe aan de pot.
d) Steil gedurende 4 minuten. Voeg suiker toe.
e) Dienen.

5. Marokkaanse Shakshuka

INGREDIËNTEN:
- 1 eetlepel olijfolie
- 1 ui, fijngehakt
- 1 rode paprika, gehakt
- 1 blik (14 ons) geplette tomaten
- 4 grote eieren

INSTRUCTIES:
a) Verhit olijfolie in een koekenpan op middelhoog vuur. Voeg de gesnipperde ui en rode paprika toe en bak tot ze zacht zijn.
b) Voeg de geplette tomaten toe aan de pan en laat 10 minuten sudderen.
c) Maak kuiltjes in het tomatenmengsel en breek de eieren erin.
d) Dek af en kook tot de eieren de gewenste gaarheid hebben bereikt.
e) Serveer de Shakshuka en geniet ervan met je favoriete knapperige brood.

6. Marokkaanse spinazie-feta-omelet

INGREDIËNTEN:
- 2 grote eieren
- 1 eetlepel olijfolie
- ¼ kopje fetakaas, verkruimeld
- Handvol spinazieblaadjes
- Zout en peper naar smaak

INSTRUCTIES:

a) Klop de eieren los in een kom en breng op smaak met peper en zout.

b) Verhit olijfolie in een koekenpan met antiaanbaklaag op middelhoog vuur.

c) Voeg spinazie toe en kook tot het geslonken is.

d) Giet de geklopte eieren over de groenten en laat even opstijven.

e) Strooi fetakaas over de ene helft van de omelet en vouw de andere helft eroverheen.

f) Kook tot de eieren volledig zijn uitgehard.

7. Marokkaanse Chicharrónes Con Huevo

INGREDIËNTEN:
- 1 kop varkensvlees chicharrónes (gefrituurde varkenshuiden), geplet
- 4 grote eieren
- ½ kopje in blokjes gesneden tomaten
- ¼ kopje in blokjes gesneden rode ui
- 2 eetlepels olijfolie

INSTRUCTIES:
a) Klop in een kom de eieren los en breng op smaak met zout en peper.
b) Verhit olijfolie in een koekenpan op middelhoog vuur.
c) Voeg de in blokjes gesneden tomaten, de in blokjes gesneden rode ui en de in blokjes gesneden jalapeño toe aan de koekenpan. Sauteer tot de groenten zacht zijn.
d) Giet de losgeklopte eieren in de koekenpan en roer voorzichtig om ze te combineren met de groenten.
e) Zodra de eieren beginnen te stollen, voeg je de gemalen chicharrónes toe aan de koekenpan en blijf roeren tot de eieren gaar zijn.
f) Serveer warm, bestrooid met gehakte verse koriander en partjes limoen ernaast.

8. Marokkaanse ontbijtsoufflé

INGREDIËNTEN:
- 6 grote eieren, gescheiden
- ½ kopje fetakaas, verkruimeld
- ¼ kopje zwarte olijven, in plakjes gesneden
- ¼ kopje zongedroogde tomaten, gehakt
- ¼ kopje verse basilicum, gehakt

INSTRUCTIES:
a) Verwarm de oven voor op 190°C.
b) Klop de eidooiers tot ze goed gecombineerd zijn in een grote kom.
c) Klop in een aparte kom de eiwitten stijf tot er stijve pieken ontstaan.
d) Voeg voorzichtig fetakaas, gesneden zwarte olijven, gehakte zongedroogde tomaten en verse basilicum toe aan de losgeklopte eierdooiers.
e) Spatel voorzichtig de opgeklopte eiwitten erdoor tot ze net gemengd zijn.
f) Breng op smaak met zout en peper.
g) Vet een ovenschaal in en giet het mengsel erin.
h) Bak gedurende 25-30 minuten of tot de soufflé gepoft en goudbruin is.
i) Haal het uit de oven en laat het afkoelen voordat je het serveert.

9. Frittata met spek, rode paprika en mozzarella

INGREDIËNTEN:
- 7 plakjes spek
- 1 eetlepel olijfolie
- 4 grote eieren
- 4 ons verse mozzarellakaas, in blokjes
- 1 middelgrote rode paprika

INSTRUCTIES:
a) Verwarm de oven voor op 350 ° F.
b) Voeg in een hete pan 1 eetlepel olijfolie toe en bak 7 plakjes spek bruin.
c) Voeg de gehakte rode paprika toe aan de pan en roer goed.
d) Klop 4 grote eieren in een kom, voeg 4 ons in blokjes gesneden verse mozzarella toe en meng goed.
e) Voeg het ei-kaasmengsel toe aan de pan en zorg voor een gelijkmatige verdeling.
f) Kook totdat de eieren rond de randen beginnen te stollen.
g) Rasp 2 ons geitenkaas over de bovenkant van de frittata.
h) Zet de pan in de oven en bak gedurende 6-8 minuten op 350°F, en gril vervolgens nog eens 4-6 minuten tot de bovenkant goudbruin is.
i) Haal het uit de oven en laat het een korte tijd rusten.
j) Haal de frittata voorzichtig uit de pan, garneer met verse gehakte peterselie en snijd hem in plakjes voordat je hem serveert.

10.Marokkaanse Franse Toast

INGREDIËNTEN:
- 8 sneetjes van je favoriete brood
- 4 grote eieren
- 1 kopje melk
- 1 theelepel vanille-extract
- ½ kopje gemengde bessen (aardbeien, bosbessen, frambozen)

INSTRUCTIES:
a) Klop in een ondiepe schaal de eieren, melk en vanille-extract door elkaar.
b) Verhit een bakplaat of koekenpan met antiaanbaklaag en voeg boter of olijfolie toe.
c) Doop elk sneetje brood in het eimengsel en bestrijk beide zijden.
d) Bak het brood op de bakplaat tot het aan elke kant goudbruin is (ongeveer 3-4 minuten per kant).
e) Serveer de wentelteefjes belegd met gemengde bessen.

11. Geladen Marokkaanse Polenta

INGREDIËNTEN:
- 1 kop polenta
- 4 kopjes groentebouillon
- 2 eetlepels olijfolie
- 1 blik tomatenblokjes (400 g), uitgelekt
- 1 kopje artisjokharten, gehakt

INSTRUCTIES:
a) Breng de groentebouillon in een middelgrote pan aan de kook. Klop de polenta erdoor, onder voortdurend roeren, tot het dik en romig is.
b) Verhit olijfolie in een aparte koekenpan op middelhoog vuur. Fruit de fijngesneden ui tot hij glazig is.
c) Voeg de gehakte knoflook toe aan de pan en bak nog 1-2 minuten.
d) Roer de uitgelekte, in blokjes gesneden tomaten en de gehakte artisjokharten erdoor en breng op smaak met zout en peper. Kook 5-7 minuten tot het gaar is.
e) Giet het Marokkaanse groentemengsel over de polenta en roer voorzichtig door.

12.Ontbijtbulgur met peren en pecannoten

INGREDIËNTEN:
- 2 kopjes water
- 1/2 theelepel zout
- 1 kop middelgrote bulgur
- 1 eetlepel veganistische margarine
- 2 rijpe peren, geschild, klokhuis verwijderd en in stukjes gesneden
- 1/4 kop gehakte pecannoten

INSTRUCTIES:
a) Breng het water in een grote pan op hoog vuur aan de kook.
b) Voeg het zout toe en roer de bulgur erdoor. Zet het vuur laag, dek af en laat sudderen tot de bulgur zacht is en de vloeistof ongeveer 15 minuten is opgenomen.
c) Haal van het vuur en roer de margarine, peren en pecannoten erdoor.
d) Dek af en laat nog 12 tot 15 minuten staan voordat u het serveert.

13. Ontbijtzemelenmuffins

INGREDIËNTEN:
- 2 kopjes zemelenvlokken ontbijtgranen
- 1 1/2 kopjes bloem voor alle doeleinden
- 1/2 kop rozijnen
- 1/3 kopje suiker
- 3/4 kop vers sinaasappelsap

INSTRUCTIES:
a) Verwarm de oven voor op 400 ° F.
b) Vet een muffinblikje met 12 kopjes lichtjes in of bekleed het met papieren vormpjes.
c) Meng in een grote kom zemelenvlokken, bloem, rozijnen, suiker en zout.
d) Meng vers sinaasappelsap en olie in een middelgrote kom.
e) Giet de natte ingrediënten bij de droge ingrediënten en meng tot ze net vochtig zijn.
f) Schep het beslag in de voorbereide muffinvorm en vul de kopjes voor ongeveer tweederde vol.
g) Bak tot ze goudbruin zijn en een tandenstoker die je in de muffin steekt er schoon uitkomt, ongeveer 20 minuten.
h) Serveer de muffins warm.

14. Marokkaanse ontbijtwrap

INGREDIËNTEN:
- Volkoren wrap of platbrood
- Hummus
- Gerookte zalm
- Komkommer, in dunne plakjes gesneden
- Verse dille, gehakt

INSTRUCTIES:
a) Verdeel de hummus gelijkmatig over de volkoren wrap.
b) Laagje gerookte zalm en dun gesneden komkommer.
c) Bestrooi met gehakte verse dille.
d) Rol de wrap strak op en snijd hem doormidden.

15. Marokkaanse hasj met twee aardappelen

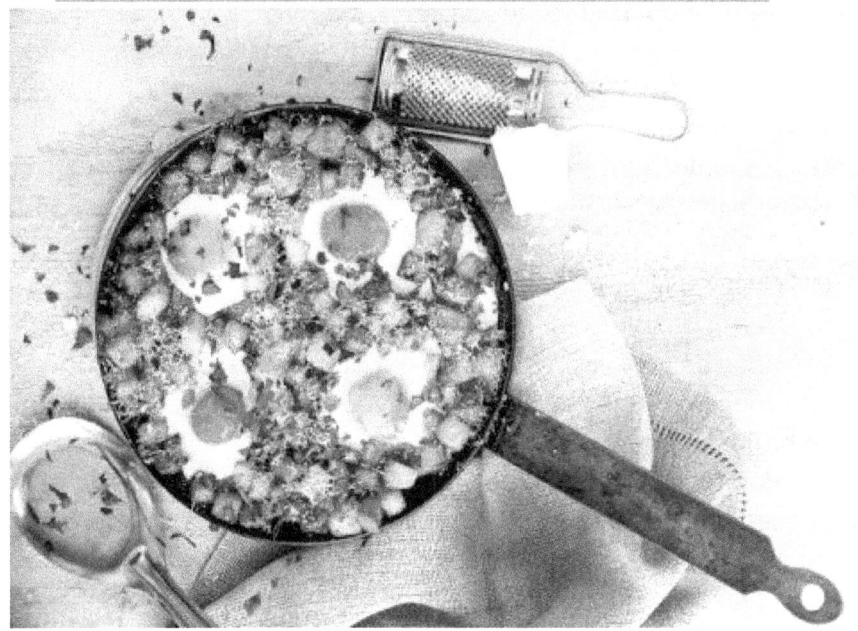

INGREDIËNTEN:
- Olijfolie om te frituren
- ½ ui, grof gesneden
- 80 g gerookte pancettablokjes
- 1 grote zoete aardappel, in blokjes van 2 cm gesneden
- 2-3 middelgrote Désirée-aardappelen, in blokjes van 2 cm gesneden

INSTRUCTIES:

a) Verhit olijfolie in een grote koekenpan op middelhoog vuur.

b) Voeg de grof gesneden ui toe en bak tot deze glazig is.

c) Voeg gerookte pancettablokjes toe aan de koekenpan en kook tot ze bruin beginnen te worden.

d) Voeg zoete aardappel en Désirée-aardappelen toe aan de koekenpan. Kook tot de aardappelen gaar zijn en een goudbruine korst hebben (ongeveer 15 minuten).

e) Maak vier kuiltjes in de hash en breek in elk kuiltje een ei. Bedek de koekenpan en kook tot de eieren naar wens gaar zijn.

f) Garneer met fijn geraspte Parmezaanse kaas en gehakte verse bladpeterselie.

16. Marokkaanse eiermuffins

INGREDIËNTEN:
- 6 grote eieren
- ½ kopje kerstomaatjes, in blokjes gesneden
- ½ kopje spinazie, gehakt
- ¼ kopje fetakaas, verkruimeld
- 1 eetlepel zwarte olijven, in plakjes gesneden

INSTRUCTIES:

a) Verwarm de oven voor op 190°C. Vet een muffinvorm in met olijfolie of gebruik papieren vormpjes.

b) Klop in een kom de eieren samen. Breng op smaak met zout en peper.

c) Bak in een koekenpan de kerstomaatjes, spinazie en rode paprika in olijfolie tot ze zacht zijn.

d) Verdeel de gebakken groenten gelijkmatig in de voorbereide muffinvorm.

e) Giet de geklopte eieren over de groenten in elke muffinvorm.

f) Strooi verkruimelde fetakaas, gesneden zwarte olijven en gehakte verse peterselie over elke eiermuffin.

g) Bak in de voorverwarmde oven gedurende 15-20 minuten of tot de eieren gestold zijn en de bovenkant goudbruin is.

h) Laat de eiermuffins een paar minuten afkoelen voordat u ze uit de muffinvorm haalt.

17. Griekse godinnenkom

INGREDIËNTEN:
- 1 kopje gekookte quinoa of bulgur
- 1 kop kerstomaatjes, gehalveerd
- 1 komkommer, in blokjes gesneden
- ½ kopje Kalamata-olijven, ontpit en in plakjes gesneden
- ½ kopje fetakaas, verkruimeld

INSTRUCTIES:

a) Meng in een grote kom gekookte quinoa of bulgur, kerstomaatjes, komkommer, Kalamata-olijven en verkruimelde fetakaas.

b) Verdeel het mengsel over twee kommen.

c) Garneer eventueel met verse peterselie.

d) Serveer onmiddellijk en geniet van je vereenvoudigde Griekse Godinnenkom!

18. Pijnboompitten Overnight Havermout

INGREDIËNTEN:
- 1 kopje ouderwetse gerolde haver
- 1 kopje Griekse yoghurt
- 1 kopje melk (zuivel of plantaardig)
- 2 eetlepels honing
- 2 eetlepels pijnboompitten, geroosterd

INSTRUCTIES:

a) Meng havermout, Griekse yoghurt, melk, honing en vanille-extract in een kom. Roer tot het goed gemengd is.

b) Vouw de geroosterde pijnboompitten erdoor.

c) Verdeel het mengsel in twee potten of luchtdichte containers.

d) Sluit de potten of containers af en zet ze een nacht of minimaal 4 uur in de koelkast, zodat de haver zacht wordt en de smaken zich vermengen.

e) Roer de nachtelijke havermout voor het serveren goed door. Als het te dik is, kun je een scheutje melk toevoegen om de gewenste consistentie te bereiken.

19. Scramble van spinazie en eieren

INGREDIËNTEN:
- 4 grote eieren
- 2 kopjes verse spinazie, gehakt
- 1 eetlepel olijfolie
- ½ ui, fijngehakt
- Zout en peper naar smaak

INSTRUCTIES:
a) Klop in een kom de eieren los en breng op smaak met zout en peper.
b) Verhit olijfolie in een koekenpan op middelhoog vuur.
c) Voeg de gesnipperde ui toe en bak tot ze zacht is.
d) Voeg gehakte knoflook en gehakte spinazie toe aan de koekenpan. Kook tot de spinazie geslonken is.
e) Giet de losgeklopte eieren in de koekenpan over het spinaziemengsel.
f) Roer de eieren voorzichtig met een spatel totdat ze gaar maar nog vochtig zijn.
g) Haal de koekenpan van het vuur.
h) Optioneel: Strooi indien gewenst verkruimelde fetakaas over de eieren en roer om te combineren.
i) Garneer met gehalveerde kerstomaatjes en gehakte verse peterselie.
j) Serveer de Spinazie en Ei Scramble warm en geniet ervan!

20. Feta en Tomaten Scramble

INGREDIËNTEN:
- Eieren
- Fetakaas, verkruimeld
- Cherrytomaatjes, in blokjes gesneden
- Verse basilicum, gehakt
- Olijfolie

INSTRUCTIES:

a) Klop in een kom de eieren los en breng op smaak met zout en peper.

b) Verhit olijfolie in een koekenpan en roer de eieren los.

c) Voeg de verkruimelde feta en de in blokjes gesneden kerstomaatjes toe.

d) Kook tot de eieren volledig zijn uitgehard.

e) Bestrooi voor het serveren met vers gehakte basilicum.

21.Tartine van kersen en ricotta

INGREDIËNTEN:
- 2 sneetjes volkorenbrood, geroosterd
- ½ kopje ricottakaas
- 1 kop verse kersen, ontpit en gehalveerd
- 1 eetlepel honing
- 1 eetlepel gehakte pistachenoten

INSTRUCTIES:
a) Rooster de sneetjes volkorenbrood naar eigen smaak.
b) Smeer op elk sneetje geroosterd brood een royale laag ricottakaas.
c) Bestrijk de ricotta met verse kersenhelften en verdeel ze gelijkmatig.
d) Sprenkel de honing over de kersen en zorg ervoor dat het gelijkmatig verdeeld is.
e) Strooi gehakte pistachenoten over de tartines voor extra knapperigheid en smaak.

22.Omelet van tomaat en feta

INGREDIËNTEN:
- 2 theelepels olijfolie
- 4 eieren, losgeklopt
- 8 kerstomaatjes, gehakt
- 50 g fetakaas, verkruimeld
- gemengde slablaadjes, om te serveren (optioneel)

INSTRUCTIES:

a) Verhit de olie in een koekenpan, voeg de eieren toe en kook, terwijl je ze af en toe ronddraait. Strooi na een paar minuten de feta en de tomaten erover. Kook nog een minuut voordat je het serveert.

b) Verhit de olie in een koekenpan met deksel en kook de uien, chilipeper, knoflook en korianderstengels gedurende 5 minuten tot ze zacht zijn. Roer de tomaten erdoor en laat 8-10 minuten sudderen.

c) Maak met de achterkant van een grote lepel 4 dipjes in de saus en breek in elk een ei. Doe een deksel op de pan en kook op laag vuur gedurende 6-8 minuten , tot de eieren naar wens gaar zijn.

d) Bestrooi met de korianderblaadjes en serveer met brood.

23.Griekse yoghurt met honing en noten

INGREDIËNTEN:
- Griekse yoghurt
- Honing
- Amandelen, gehakt
- Walnoten, gehakt
- Verse bessen (optioneel)

INSTRUCTIES:
a) Schep de Griekse yoghurt in een kom.
b) Druppel honing over de yoghurt.
c) Strooi er gehakte amandelen en walnoten over.
d) Voeg indien gewenst verse bessen toe.

24. Marokkaanse ontbijtkom

INGREDIËNTEN:
- Gekookte quinoa
- Hummus
- Komkommer, in blokjes gesneden
- Cherrytomaatjes, gehalveerd
- Kalamata-olijven, in plakjes gesneden

INSTRUCTIES:
a) Schep de gekookte quinoa in een kom.
b) Voeg klodders hummus toe.
c) Verdeel de in blokjes gesneden komkommer, gehalveerde kerstomaatjes en gesneden Kalamata-olijven.
d) Meng het geheel voordat u ervan gaat genieten.

25. Marokkaanse gekruide koffie

INGREDIËNTEN:
- ¼ theelepel gemalen kaneel
- ⅛ theelepel gemalen kardemom
- 1 kopje sterke koffie
- ⅛ theelepel gemalen kruidnagel
- ¼ theelepel gemalen nootmuskaat
- Suiker of honing naar smaak (optioneel)
- Melk of room (optioneel)

INSTRUCTIES:
a) Begin met het bereiden van een robuust koffiebrouwsel met het koffiezetapparaat van uw voorkeur. Kies voor versgemalen koffiebonen om te genieten van de ultieme frisheid van smaak.
b) Terwijl de koffie in het brouwproces zit, maak je de kruidenmix.
c) Combineer gemalen kaneel, gemalen kardemom, gemalen kruidnagel en gemalen nootmuskaat in een kleine kom. Meng deze kruiden grondig.
d) Zodra de koffie bereid is, doe je deze in een koffiemok.
e) Strooi het kruidenmengsel over de vers gezette koffie.
f) Pas de hoeveelheid kruiden aan zodat deze bij uw smaak past. U kunt beginnen met de opgegeven afmetingen en meer toevoegen voor een krachtigere kruideninfusie.
g) Indien gewenst kunt u uw Marokkaanse gekruide koffie naar wens zoeten met suiker of honing.
h) Roer totdat de zoetstof volledig is opgelost.
i) Voor een romige toets kun je in dit stadium een scheutje melk of room toevoegen.
j) Roer krachtig door de koffie om de kruiden en zoetstof gelijkmatig te verdelen.
k) Geniet van uw Marokkaanse gekruide koffie terwijl deze gloeiend heet is.

26. Marokkaanse avocado-tomatensalade

INGREDIËNTEN:
- 2 rijpe avocado's, in blokjes gesneden
- 2 tomaten, in blokjes gesneden
- 1/4 kopje rode ui, fijngehakt
- 2 eetlepels verse peterselie, gehakt
- 1 eetlepel olijfolie
- 1 eetlepel citroensap
- Zout en peper naar smaak

INSTRUCTIES:
a) Meng in een kom de in blokjes gesneden avocado's, tomaten, rode ui en verse peterselie.
b) Meng in een kleine kom olijfolie, citroensap, zout en peper.
c) Giet de dressing over de salade en roer voorzichtig door elkaar.
d) Serveer onmiddellijk als verfrissend bijgerecht.

27. Marokkaanse Msemen (vierkante pannenkoekjes)

INGREDIËNTEN:
- 3 kopjes bloem voor alle doeleinden
- 1 kop fijn griesmeel
- 1 theelepel zout
- 1 eetlepel suiker
- 1 eetlepel gist
- 1 1/2 tot 2 kopjes warm water
- Olijfolie om te poetsen

INSTRUCTIES:
a) Meng in een grote kom bloem, griesmeel, zout, suiker en gist.
b) Voeg geleidelijk warm water toe en kneed tot je een zacht, elastisch deeg hebt.
c) Verdeel het deeg in porties ter grootte van een golfbal.
d) Maak elke bal plat tot een dun vierkant of rechthoek.
e) Bestrijk elke kant van het vierkant met olijfolie.
f) Bak de vierkantjes op een hete bakplaat of koekenpan tot ze aan beide kanten goudbruin zijn.
g) Serveer warm met honing of jam.

SNACKS EN VOORGERECHTEN

28.Marokkaanse Hummus met Harissa

INGREDIËNTEN:
- 1 blik kikkererwten (15 oz), uitgelekt en afgespoeld
- 3 eetlepels tahin
- 2 teentjes knoflook, fijngehakt
- 2 eetlepels olijfolie
- Sap van 1 citroen
- 1 theelepel gemalen komijn
- Zout en peper naar smaak
- Harissapasta voor garnering
- Gehakte verse peterselie voor garnering

INSTRUCTIES:

a) Meng in een keukenmachine kikkererwten, tahini, knoflook, olijfolie, citroensap, komijn, zout en peper.
b) Meng tot een glad en romig mengsel.
c) Doe de hummus in een serveerschaal.
d) Maak een kuiltje in het midden en voeg een klodder harissapasta toe.
e) Garneer met gehakte peterselie.
f) Serveer met pitabroodje of groentesticks.

29. Marokkaanse Gevulde Dadels

INGREDIËNTEN:
- Medjool dadels, ontpit
- Romige geitenkaas
- Walnoten of amandelen, heel of gehalveerd
- Honing om te besprenkelen
- Gemalen kaneel om te bestrooien

INSTRUCTIES:
a) Neem elke ontpitte dadel en vul deze met een kleine hoeveelheid romige geitenkaas.
b) Druk een walnoot of amandel in de kaas.
c) Schik de gevulde dadels op een serveerbord.
d) Druppel honing over de dadels.
e) Bestrooi met gemalen kaneel.
f) Serveer als een zoete en hartige Marokkaanse snack.

30.Marokkaanse Spinazie en Feta Briouats

INGREDIËNTEN:
- 1 kopje gekookte spinazie, gehakt en uitgelekt
- 1/2 kopje verkruimelde fetakaas
- 1/4 kop gehakte verse koriander
- 1/4 kop gehakte groene uien
- 1 theelepel gemalen komijn
- Zout en peper naar smaak
- Fyllodeeg vellen
- Gesmolten boter om te bestrijken

INSTRUCTIES:
a) Verwarm de oven voor op 190°C.
b) Meng in een kom gekookte spinazie, fetakaas, koriander, groene uien, komijn, zout en peper.
c) Neem een vel filodeeg en bestrijk het lichtjes met gesmolten boter.
d) Plaats een lepel spinazie-fetamengsel aan het ene uiteinde van het filodeegvel.
e) Vouw de filodeeg over de vulling, zodat er een driehoek ontstaat.
f) Ga door met vouwen in een driehoekige vorm.
g) Leg de briouats op een bakplaat en bestrijk de bovenkant met gesmolten boter.
h) Bak in de voorverwarmde oven gedurende 15-20 minuten of tot ze goudbruin zijn.
i) Laat iets afkoelen voordat je het serveert.

31.Marokkaanse Merguez-worst

INGREDIËNTEN:
- 2 theelepels komijnzaad
- 2 theelepels venkelzaad
- 2 theelepels korianderzaad
- 2 eetlepels paprikapoeder
- 3 theelepels gemalen cayennepeper
- 1 theelepel gemalen kaneel
- 1 theelepel gemalen sumak (optioneel)
- 3 pond lamsgehakt
- 1/2 kopje extra vergine olijfolie
- 1 kopje verse koriander, fijngehakt
- 1/2 kopje verse muntblaadjes, fijngehakt 6 grote teentjes knoflook, fijngehakt 4 theelepels koosjer zout

INSTRUCTIES:

a) Meng de komijn-, venkel- en korianderzaadjes in een koekenpan met zware bodem of gietijzeren pan en rooster ze op middelhoog vuur gedurende 2 minuten of tot ze geurig zijn. Laat iets afkoelen en maal het vervolgens in een kruidenmolen tot het fijn en poederig is. (Opmerking: je kunt ook gemalen kruiden gebruiken in plaats van hele kruiden, maar de smaak zal beter zijn met de hele kruiden)

b) Combineer de gemalen geroosterde kruiden met de paprika, cayennepeper, kaneel en sumak. Meng de kruiden in een grote kom met het lamsgehakt, de olie, koriander, munt, knoflook en zout en meng tot alles goed gemengd is (ik gebruik mijn mixer om ervoor te zorgen dat alles gelijkmatig gemengd is).

c) Bak desgewenst een kleine hoeveelheid vlees in een koekenpan en proef het om de smaak te controleren. Pas de kruiden naar wens aan.

d) Om vorm te geven, rolt u het gekruide lamsmengsel in kleine buisjes, ongeveer 10 cm lang en 2,5 cm breed. Indien gewenst kunt u ook pasteitjes maken. De worst kan meteen worden gekookt, of je kunt hem voor onbepaalde tijd inpakken en invriezen. Om te koken, gril de worst of kook hem in een koekenpan tot hij gaar is.

32. Marokkaanse leverkebabs

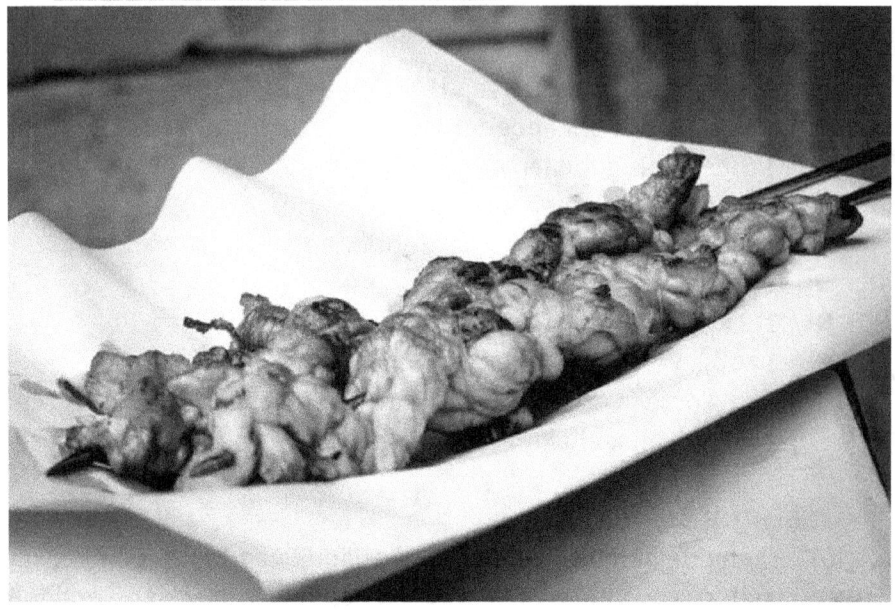

INGREDIËNTEN:
- 8 ons niervet, optioneel maar raadzaam, in blokjes gesneden
- 2,2 pond verse kalfs- of lamslever (bij voorkeur kalfslever), verwijder het transparante membraan, snijd in blokjes van ¾ inch

MARINADE
- 2 eetlepels gemalen zoete paprika
- 2 theelepels zout
- 1 theelepel gemalen komijn

SERVEREN
- 2 theelepels gemalen komijn
- 2 theelepels cayennepeper (optioneel)
- 2 theelepels zout

Routebeschrijving :
a) Doe de lever en het vet in een kom en meng goed.
b) Strooi paprikapoeder, zout en komijn erover en meng opnieuw tot alles goed bedekt is.
c) Dek de kom af en zet 1 - 8 uur in de koelkast.
d) Haal de kom 30 minuten voor het grillen uit de koelkast.
e) Zet uw grill op en verwarm deze voor op middelhoog vuur.
f) Prik de leverblokjes afwisselend met niervetblokjes op spiesjes, zonder enige ruimte ertussen te laten. Plaats ongeveer 6 - 8 blokjes lever op elke spies.
g) Plaats de voorbereide spiesjes op de grill en gril ze ongeveer 8 - 10 minuten, waarbij u ze regelmatig draait. De lever moet van binnen goed gaar zijn en sponsachtig zijn als je erop drukt.
h) Heet opdienen.

33. Marokkaanse Yam Veggie Burgers

INGREDIËNTEN:
- 1,5 kopjes geraspte yam
- 2 teentjes knoflook, gepeld
- ¾ kopje verse korianderblaadjes
- 1 stuk verse gember, geschild
- 15-ounce blik kikkererwten, uitgelekt en gespoeld
- 2 eetlepels gemalen vlas gemengd met 3 eetlepels water
- ¾ kopje gerolde haver, vermalen tot bloem
- ½ eetlepel sesamolie
- 1 eetlepel kokosaminos of natriumarme tamari
- ½-¾ theelepel fijnkorrelig zeezout of roze Himalayazout, naar smaak
- Versgemalen zwarte peper, naar smaak
- 1 ½ theelepel chilipoeder
- 1 theelepel komijn
- ½ theelepel koriander
- ¼ theelepel kaneel
- ¼ theelepel kurkuma
- ½ kopje koriander-limoen tahinisaus

INSTRUCTIES:
a) Verwarm de oven voor op 350F. Bekleed een bakplaat met een stuk bakpapier.
b) Schil de yam. Gebruik het roostergat van normale grootte en rasp de yam tot je 1,5 licht verpakte kopjes hebt. Doe in een kom.
c) Verwijder het raspopzetstuk van de keukenmachine en voeg het gewone "s"-mes toe. Hak de knoflook, koriander en gember fijn tot ze fijngehakt zijn.
d) Voeg de uitgelekte kikkererwten toe en verwerk opnieuw tot ze fijngehakt zijn, maar laat wat textuur achter. Schep dit mengsel in een kom.
e) Roer in een kom het mengsel van vlas en water door elkaar.
f) Maal de haver tot meel met een blender of keukenmachine. Of u kunt ¾ kopje + 1 eetlepel voorgemalen havermeel gebruiken. Roer dit samen met het vlasmengsel door het mengsel.
g) Roer nu de olie, amino/tamari, zout/peper en kruiden erdoor tot alles goed gemengd is. Pas indien gewenst aan naar smaak.
h) Vorm 6-8 pasteitjes en druk het mengsel stevig op elkaar. Plaats op bakplaat.
i) Bak gedurende 15 minuten, draai dan voorzichtig om en bak nog eens 18-23 minuten tot ze goudbruin en stevig zijn. Koel op pan.

34. Gevulde Tomaten

INGREDIËNTEN:
- 8 kleine tomaten, of 3 grote
- 4 hardgekookte eieren, afgekoeld en gepeld
- 6 eetlepels Aioli of mayonaise
- Zout en peper
- 1 eetlepel peterselie, gehakt

INSTRUCTIES:
a) Dompel de tomaten in een bak met ijskoud of extreem koud water nadat u ze gedurende 10 seconden in een pan met kokend water hebt gevild.
b) Snij het kapje van de tomaten af. Schraap met een theelepel of een klein, scherp mes de zaadjes en de binnenkant eraf.
c) Pureer de eieren met de Aioli (of mayonaise), zout, peper en peterselie in een mengkom.
d) Vul de tomaten met de vulling en druk ze stevig aan. Plaats de deksels op kleine tomaten in een vrolijke hoek.
e) Vul de tomaten tot de bovenkant en druk stevig aan tot ze waterpas zijn. Zet het 1 uur in de koelkast voordat u het in ringen snijdt met een scherp vleesmes.
f) Garneer met peterselie.

35. Labneh met olijfolie en Za'atar

INGREDIËNTEN:
- Labneh (gezeefde yoghurt)
- Extra vergine olijfolie
- Za'atar kruidenmix
- Pitabroodje of volkoren crackers
- Verse muntblaadjes ter garnering

INSTRUCTIES:
a) Doe de labneh in een kom.
b) Besprenkel met olijfolie.
c) Strooi Za'atar-kruiden erover.
d) Serveer met pitabroodje of crackers.
e) Garneer met verse muntblaadjes.

36. Zoute Kabeljauwbeignets Met Aioli

INGREDIËNTEN:
- 1 pond gezouten kabeljauw, geweekt
- 3 ½ ons gedroogde witte broodkruimels
- ¼ pond bloemige aardappelen, gekookt en gepureerd
- Olijfolie, voor ondiep frituren
- Aioli

INSTRUCTIES:
a) Meng de melk en de helft van de lente-uitjes in een pan, breng aan de kook en pocheer de geweekte kabeljauw gedurende 10-15 minuten totdat deze gemakkelijk schilfert. Verwijder de botten en het vel en doe de kabeljauw in vlokken in een kom.
b) Voeg 4 eetlepels aardappelpuree toe aan de kabeljauw en meng met een houten lepel.
c) Werk de olijfolie erdoor en voeg dan geleidelijk de resterende aardappelpuree toe. Combineer de resterende lente-uitjes en peterselie in een mengkom.
d) Breng op smaak met citroensap en peper.
e) Klop één ei tot het goed gemengd is in een aparte kom en laat het vervolgens afkoelen tot het stevig is.
f) Rol het gekoelde vismengsel in 12-18 balletjes en druk ze voorzichtig plat tot kleine ronde koeken. Bebloem ze allemaal, dompel ze in het losgeklopte ei en bestrijk ze met droog paneermeel. Zet in de koelkast tot u klaar bent om te frituren.
g) Verhit ongeveer ¾-inch olie in een grote, zware koekenpan. Bak de beignets ongeveer 4 minuten op middelhoog vuur.
h) Draai ze om en bak nog eens 4 minuten, of tot ze aan de andere kant knapperig en goudbruin zijn.
i) Laat ze uitlekken op keukenpapier voordat je ze serveert met Aioli.

37.Garnalenkroketten

INGREDIËNTEN:

- 3 ½ ons boter
- 4 ons gewone bloem
- 1 ¼ pint koude melk
- 14 ons gekookte gepelde garnalen, in blokjes gesneden
- Olijfolie om te frituren

INSTRUCTIES:

a) Smelt de boter in een middelgrote pan en voeg de bloem toe, onder voortdurend roeren.

b) Voeg langzaam de gekoelde melk toe, onder voortdurend roeren, tot je een dikke, gladde saus hebt.

c) Voeg de garnalen toe, breng royaal op smaak met zout en peper en klop de tomatenpuree erdoor. Kook nog eens 7 tot 8 minuten.

d) Neem een kleine eetlepel van het mengsel en rol het in een cilinder van 1 ½ - 2 inch om kroketten te vormen.

e) Verhit de olie in een grote pan met dikke bodem om te frituren tot een temperatuur van 350 ° F of een blokje brood in 20-30 seconden goudbruin kleurt.

f) Bak de kroketten in groepjes van maximaal 3 à 4 in ongeveer 5 minuten goudbruin.

g) Haal de kroketten met een schuimspaan uit de pan, laat ze uitlekken op keukenpapier en serveer onmiddellijk.

38. Krokante garnalenbeignets

INGREDIËNTEN:
- ½ pond kleine garnalen, gepeld
- 1½ kopje kikkererwten of gewone bloem
- 1 eetlepel gehakte verse bladpeterselie
- 3 lente-uitjes, het witte deel en een beetje van de zachte groene topjes, fijngehakt
- ½ theelepel zoete paprika/pimentón

INSTRUCTIES:
a) Kook de garnalen in een pan met voldoende water om ze onder water te zetten en breng op hoog vuur aan de kook.
b) Meng in een kom bloem, peterselie, lente-uitjes en pimentón om het beslag te verkrijgen. Voeg een snufje zout en afgekoeld kookwater toe.
c) Meng of verwerk tot je een textuur hebt die iets dikker is dan pannenkoekbeslag. Zet 1 uur in de koelkast.
d) Hak de garnalen fijn.
e) Haal het beslag uit de koelkast en roer de fijngehakte garnalen erdoor.
f) Verhit de olijfolie in een zware koekenpan op hoog vuur tot deze bijna rookt.
g) Giet voor elk beignet 1 eetlepel beslag in de olie en druk het plat tot een diameter van 7,5 cm.
h) Bak ongeveer 1 minuut aan elke kant, of tot de beignets goudbruin en knapperig zijn.
i) Haal de beignets uit de pan met een schuimspaan en leg ze op een ovenschaal.
j) Serveer meteen.

39. Calamares Met Rozemarijn En Chili-olie

INGREDIËNTEN:
- 1 pond verse calamares, schoongemaakt en in ringen gesneden
- ½ kopje olijfolie
- 2 teentjes knoflook, fijngehakt
- 1 eetlepel verse rozemarijn, fijngehakt
- 1 theelepel rode chilivlokken (naar smaak aanpassen)

INSTRUCTIES:

a) Verhit olijfolie in een grote koekenpan op middelhoog vuur.

b) Voeg gehakte knoflook, gehakte rozemarijn en rode chilivlokken toe aan de koekenpan. Kook 1-2 minuten tot de knoflook geurig is.

c) Voeg de gesneden calamari toe aan de koekenpan en roer om ze te bedekken met de gearomatiseerde olie. Kook 2-3 minuten of tot de calamari ondoorzichtig en net gaar is.

d) Breng op smaak met zout en peper.

e) Haal de koekenpan van het vuur en breng de calamares over naar een serveerschaal.

f) Sprenkel de overgebleven gearomatiseerde olie over de calamares.

g) Garneer met gehakte verse peterselie en serveer warm met partjes citroen ernaast.

40.Tortellini-salade

INGREDIËNTEN:
- 1 pakje driekleurige kaastortellini
- ½ kopje in blokjes gesneden pepperoni
- ¼ kopje gesneden lente-uitjes
- 1 in blokjes gesneden groene paprika
- 1 kop gehalveerde kerstomaatjes

INSTRUCTIES:

a) Kook de tortellini volgens de instructies op de verpakking en laat ze uitlekken.

b) Gooi de tortellini met in blokjes gesneden pepperoni, gesneden lente-uitjes, in blokjes gesneden groene paprika, gehalveerde kerstomaatjes en eventuele extra gewenste ingrediënten in een grote mengkom.

c) Druppel de Italiaanse dressing erover.

d) Gooi alles samen om te combineren.

e) Zet 2 uur weg om af te koelen voordat u het serveert.

41.Pastasalade caprese

INGREDIËNTEN:
- 2 kopjes gekookte pennepasta
- 1 kopje pesto
- 2 gehakte tomaten
- 1 kopje in blokjes gesneden mozzarellakaas
- Zout en peper naar smaak

INSTRUCTIES:
a) Kook de pasta volgens de instructies op de verpakking en laat hem vervolgens uitlekken.
b) Meng de pasta in een grote mengkom met pesto, gehakte tomaten en in blokjes gesneden mozzarellakaas.
c) Breng op smaak met zout, peper en oregano.
d) Druppel er rode wijnazijn over.
e) Zet 1 uur weg in de koelkast voordat u het serveert.

42. Balsamico Toast

INGREDIËNTEN:
- 1 kop ontpitte en in blokjes gesneden Roma-tomaten
- ¼ kopje gehakte basilicum
- ½ kopje geraspte pecorinokaas
- 1 fijngehakt teentje knoflook
- 1 eetlepel balsamicoazijn

INSTRUCTIES:
a) Meng in een mengschaal de in blokjes gesneden tomaten, gehakte basilicum, geraspte pecorinokaas en gehakte knoflook.
b) Klop in een kleine mengkom balsamicoazijn en 1 eetlepel olijfolie samen; opzij zetten.
c) Besprenkel sneetjes stokbrood met olijfolie en bestrooi met knoflookpoeder en basilicum.
d) Leg de sneetjes brood op een bakblik en rooster ze 5 minuten op 350 graden.
e) Haal het uit de oven en bestrijk het geroosterde brood met het tomaten-kaasmengsel.
f) Indien nodig op smaak brengen met zout en peper.
g) Serveer onmiddellijk.

43. Pizzaballen

INGREDIËNTEN:
- 1 pond verkruimelde gemalen worst
- 2 kopjes Bisquickmix
- 1 gesnipperde ui
- 3 fijngehakte teentjes knoflook
- 2 kopjes geraspte mozzarellakaas

INSTRUCTIES:
a) Verwarm de oven voor op 400 graden Fahrenheit.
b) Meng verkruimelde gemalen worst, Bisquick-mix, gehakte ui, gehakte knoflook en geraspte mozzarella in een kom.
c) Voeg net genoeg water toe om het mengsel werkbaar te maken.
d) Rol het mengsel in balletjes van 1 inch.
e) Plaats de ballen op een voorbereide bakplaat.
f) Strooi Parmezaanse kaas over de pizzaballetjes.
g) Bak in de voorverwarmde oven op 350 ° F gedurende 20 minuten.
h) Serveer met de overgebleven pizzasaus apart om te dippen.

44. Sint-jakobsschelp en prosciutto-hapjes

INGREDIËNTEN:
- ½ kopje dun gesneden prosciutto
- 3 Eetlepels roomkaas
- 1 pond Sint-jakobsschelpen
- 3 Eetlepels olijfolie
- 3 fijngehakte teentjes knoflook

INSTRUCTIES:
a) Breng op elk plakje prosciutto een klein laagje roomkaas aan.
b) Wikkel vervolgens een plakje prosciutto om elke Sint-Jakobsschelp en zet deze vast met een tandenstoker.
c) Verhit de olijfolie in een koekenpan.
d) Kook de knoflook 2 minuten in een koekenpan.
e) Voeg de in folie gewikkelde sint-jakobsschelpen toe en bak 2 minuten aan elke kant.
f) Wring de overtollige vloeistof uit met keukenpapier.

45. Aubergines met honing

INGREDIËNTEN:
- 3 eetlepels honing
- 3 aubergines
- 2 kopjes Melk
- 1 Eetlepel zout
- 100 g bloem

INSTRUCTIES:
a) Snijd de aubergines in dunne plakjes.
b) Meng de aubergines in een mengschaal. Giet voldoende melk in het bakje om de aubergines volledig te bedekken. Breng op smaak met een snufje zout.
c) Laat minimaal een uur weken.
d) Haal de aubergines uit de melk en zet ze opzij. Bestrijk elk plakje met bloem en een peper-en-zoutmengsel.
e) Verhit de olijfolie in een pan. Frituur de aubergineplakken op 180 graden C.
f) Leg de gebakken aubergines op keukenpapier om overtollige olie te absorberen.
g) Besprenkel de aubergines met honing.
h) Serveer onmiddellijk.

46. Dip van geroosterde rode paprika en feta

INGREDIËNTEN:
- 1 kop geroosterde rode paprika's (uit een pot), uitgelekt
- 1/2 kop fetakaas, verkruimeld
- 2 eetlepels extra vergine olijfolie
- 1 theelepel gedroogde oregano
- 1 teentje knoflook, fijngehakt

INSTRUCTIES:
a) Meng in een keukenmachine de geroosterde rode paprika, feta, olijfolie, gehakte knoflook en oregano tot een gladde massa.
b) Breng over naar een serveerschaal.
c) Serveer met pitabroodjes of groentesticks.

47. Spaans-Marokkaanse rundvleeskebabs

INGREDIËNTEN:
- ½ kopje sinaasappelsap
- 2 theelepels olijfolie
- 1½ theelepel Citroensap
- 1 theelepel gedroogde oregano
- 10 ons mager rundvlees zonder been, in blokjes van 2 inch gesneden

INSTRUCTIES:

a) Om de marinade te maken, meng je sinaasappelsap, olijfolie, citroensap en gedroogde oregano in een kom.

b) Voeg de rundvleesblokjes toe aan de marinade en roer om te coaten. Zet minimaal 2 uur of een nacht in de koelkast.

c) Verwarm de grill voor en smeer het rooster in met antiaanbakspray.

d) Rijg de gemarineerde rundvleesblokjes aan spiesjes.

e) Grill de kebabs gedurende 15-20 minuten, draai en bestrijk ze vaak met de gereserveerde marinade, tot ze naar wens gaar zijn.

f) Heet opdienen.

48. Marokkaanse Avocadohummus

INGREDIËNTEN:
- 1 kopje hummus
- 1 rijpe avocado, in blokjes gesneden
- 1 eetlepel citroensap
- 1 eetlepel gehakte verse peterselie
- 1 eetlepel pijnboompitten (optioneel)

INSTRUCTIES:
a) Meng in een kom de in blokjes gesneden avocado voorzichtig door de hummus.
b) Druppel citroensap over het mengsel.
c) Bestrooi met gehakte peterselie en pijnboompitten.
d) Serveer met volkoren crackers of plakjes komkommer.

49. Marokkaanse Tomaat Toast

INGREDIËNTEN:
- 4 rijpe tomaten, in blokjes gesneden
- 1/4 kopje verse basilicum, gehakt
- 2 eetlepels extra vergine olijfolie
- 1 teentje knoflook, fijngehakt
- Zout en peper naar smaak

INSTRUCTIES:

a) Meng in een kom de in blokjes gesneden tomaten, gehakte basilicum, gehakte knoflook en olijfolie.
b) Breng op smaak met zout en peper.
c) Laat het mengsel 15-20 minuten marineren.
d) Schep het tomatenmengsel op de geroosterde sneetjes stokbrood.

50.Knapperige Italiaanse popcornmix

INGREDIËNTEN:
- 10 kopjes Gepofte popcorn
- 3 kopjes Bugelvormige maïssnacks
- ¼ kopje Margarine of boter
- 1 theelepel Italiaanse kruiden
- ⅓ kopje Parmezaanse kaas

INSTRUCTIES:
a) Combineer popcorn- en maïssnacks in een grote magnetronkom.
b) resterende ingrediënten , behalve de kaas , in een microveilige maatbeker van 1 kopje .
c) Magnetron gedurende 1 minuut op HOOG, of tot de margarine smelt; roeren. Giet het popcornmengsel erover.
d) Meng totdat alles gelijkmatig bedekt is. Magnetron, onafgedekt, gedurende 2-4 minuten, tot het geroosterd is, elke minuut roeren. Parmezaanse kaas moet erover worden gestrooid.
e) Heet opdienen.

51.Rode paprika en feta dip

INGREDIËNTEN:
- 1 kopje geroosterde rode paprika's (in de winkel gekocht of zelfgemaakt)
- ½ kopje fetakaas, verkruimeld
- 1 teentje knoflook, fijngehakt
- 1 theelepel citroensap
- Zout en peper naar smaak

INSTRUCTIES:
a) Meng alle ingrediënten in een keukenmachine tot een gladde massa.
b) Serveer de dip met volkoren pitabroodjes.

52. Marokkaanse Hummusdip

INGREDIËNTEN:
- 1 kopje hummus
- 2 eetlepels extra vergine olijfolie
- 1 theelepel paprikapoeder
- 1 eetlepel gehakte verse peterselie
- 1 teentje knoflook, fijngehakt

INSTRUCTIES:
a) Meng de hummus en de gehakte knoflook in een kom.
b) Druppel olijfolie over de hummus.
c) Strooi paprikapoeder en gehakte peterselie erover.
d) Serveer met pitabroodje of verse groentesticks.

53. Feta en olijventapenade

INGREDIËNTEN:
- 1 kopje Kalamata-olijven, ontpit
- 1 kopje fetakaas, verkruimeld
- 2 eetlepels extra vergine olijfolie
- 1 theelepel gedroogde oregano
- Schil van 1 citroen

INSTRUCTIES:

a) Meng olijven, feta, olijfolie en oregano in een keukenmachine.

b) Pulseer totdat het mengsel de gewenste consistentie heeft bereikt.

c) Citroenschil erdoor roeren.

d) Serveer met crackers of gesneden stokbrood.

54. Marokkaanse Gevulde Druivenbladeren

INGREDIËNTEN:
- 1 pot druivenbladeren, uitgelekt
- 1 kopje gekookte quinoa
- 1/2 kopje verkruimelde fetakaas
- 1/4 kopje Kalamata-olijven, gehakt
- 2 eetlepels extra vergine olijfolie

INSTRUCTIES:

a) Meng in een kom gekookte quinoa, feta en gehakte Kalamata-olijven.

b) Leg een druivenblad op een vlakke ondergrond, voeg een lepel van het quinoamengsel toe en rol het tot een strakke cilinder.

c) Herhaal dit totdat alle druivenbladeren gevuld zijn.

d) Druppel olijfolie over de gevulde druivenbladeren.

e) Koel Serveren.

HOOFDGERECHT

55. Marokkaanse bakplaat met kip

INGREDIËNTEN:

- 200 g babywortelen
- 2 rode uien, geschild en elk in 8 partjes gesneden
- 2 eetlepels olijfolie
- 2 eetlepels ras-el-hanout
- 200 ml kippenbouillon
- 150 gram couscous
- 4 kipfilets, met vel
- 2 courgettes
- 1 blikje kikkererwten van 400 g, uitgelekt en afgespoeld
- 50 ml water
- 4 eetlepels gehakte koriander
- Citroensap, naar smaak
- 15 g gepelde pistachenoten, grof gehakt
- Zeezout en versgemalen zwarte peper
- Rozenblaadjes, om te serveren (optioneel)

INSTRUCTIES:
a) Verwarm de oven voor op 220°C/200°C hetelucht/gasstand 7.
b) Was de babyworteltjes en snijd de grotere exemplaren in de lengte doormidden. Doe ze samen met de uien in een grote braadslede. Besprenkel met 1 eetlepel olijfolie en strooi er 1 eetlepel ras-el-hanout over tot het gelijkmatig bedekt is. Zet 10 minuten in de oven.
c) Giet de kippenbouillon in een kleine pan, zet op middelhoog vuur en breng aan de kook. Doe de couscous in een kom met een beetje zout en peper. Giet de hete bouillon erover, dek af met huishoudfolie en zet opzij om de vloeistof op te nemen.
d) Kerf het kippenvel in met een scherp mes, breng op smaak met peper en zout en strooi er ½ eetlepel ras-el-hanout over.
e) Snijd elke courgette in de lengte in vieren en vervolgens in stukken van 5 cm, en bestrooi met de resterende ½ eetlepel ras-el-hanout. Haal de bakplaat uit de oven en voeg de courgettes en kikkererwten toe. Leg de kipfilets erop en besprenkel met de resterende eetlepel olijfolie. Voeg het water toe aan de bodem van de pan en zet het terug in de oven op een hoge plank gedurende 15 minuten.
f) Haal ondertussen de couscous eruit en maak hem los met een vork. Roer de koriander erdoor, voeg vervolgens het citroensap en zout en peper naar smaak toe.
g) Haal de braadslede uit de oven en bestrooi met pistachenoten en rozenblaadjes (indien gebruikt). Breng het op tafel en serveer direct uit het dienblad.

56. Marokkaanse Kikkererwten-Tajine

INGREDIËNTEN:
- 2 eetlepels olijfolie
- 1 ui, in blokjes gesneden
- 3 teentjes knoflook, fijngehakt
- 1 theelepel gemalen komijn
- 1 theelepel gemalen koriander
- ½ theelepel gemalen kaneel
- ½ theelepel gemalen gember
- ¼ theelepel cayennepeper (optioneel, voor warmte)
- 1 blikje (14 ons) tomatenblokjes
- 2 kopjes gekookte kikkererwten (of 1 blik, uitgelekt en gespoeld)
- 1 kopje groentebouillon
- 1 kop in blokjes gesneden wortelen
- 1 kopje in blokjes gesneden aardappelen
- ½ kopje gehakte gedroogde abrikozen
- ¼ kopje gehakte verse koriander (plus meer voor garnering)
- Zout en peper naar smaak

INSTRUCTIES:

a) Verhit de olijfolie in een grote pan of tajine op middelhoog vuur. Voeg de in blokjes gesneden ui en de gehakte knoflook toe en bak tot de ui doorschijnend en geurig wordt.

b) Voeg de gemalen komijn, gemalen koriander, gemalen kaneel, gemalen gember en cayennepeper (indien gebruikt) toe aan de pot. Roer goed zodat de ui en knoflook bedekt zijn met de kruiden.

c) Giet de in blokjes gesneden tomaten (met hun sap) erbij en roer om te combineren met de kruiden.

d) Voeg de gekookte kikkererwten, groentebouillon, in blokjes gesneden wortelen, in blokjes gesneden aardappelen en gehakte gedroogde abrikozen toe aan de pot. Roer om alle ingrediënten op te nemen.

e) Breng het mengsel aan de kook en zet het vuur laag. Dek de pan af en laat ongeveer 45 minuten tot 1 uur sudderen, of totdat de groenten gaar zijn en de smaken zijn samengesmolten.

f) Roer de gehakte verse koriander erdoor en breng op smaak met peper en zout.

g) Laat de tajine nog eens 5 minuten sudderen, zodat de smaken zich kunnen vermengen.

h) Serveer de Marokkaanse Kikkererwten-Tajine in kommen, gegarneerd met extra gehakte verse koriander.

57. Marokkaanse Kikkererwtenstoofpot

INGREDIËNTEN:
- 1 eetlepel olijfolie
- 1 ui, in blokjes gesneden
- 2 teentjes knoflook, fijngehakt
- 1 wortel, in blokjes gesneden
- 1 rode paprika, in blokjes gesneden
- 1 theelepel gemalen komijn
- 1 theelepel gemalen koriander
- ½ theelepel gemalen kurkuma
- ½ theelepel gemalen kaneel
- 1 blikje (14 ons) tomatenblokjes
- 2 kopjes gekookte kikkererwten (of 1 blik, gespoeld en uitgelekt)
- 2 kopjes natriumarme groentebouillon
- Zout en peper naar smaak
- Verse koriander of peterselie, gehakt, voor garnering

INSTRUCTIES:
a) Verhit de olijfolie in een grote pan op middelhoog vuur. Voeg de ui, knoflook, wortel en rode paprika toe. Kook tot de groenten zacht zijn.
b) Voeg de komijn, koriander, kurkuma en kaneel toe aan de pot. Roer goed om de groenten met de kruiden te bedekken.
c) Giet de in blokjes gesneden tomaten, kikkererwten en groentebouillon erbij. Breng op smaak met zout en peper.
d) Breng de stoofpot aan de kook, zet het vuur lager en laat 15-20 minuten sudderen, zodat de smaken goed kunnen samensmelten.
e) Serveer de Marokkaanse kikkererwtenstoofpot, gegarneerd met verse koriander of peterselie.

58. Marokkaans-gekruide kikkererwtenkommen

INGREDIËNTEN:

- 3 eetlepels (45 ml) avocado- of extra vergine olijfolie, verdeeld
- ½ middelgrote ui, in blokjes gesneden
- 2 teentjes knoflook, fijngehakt
- 2 theelepels (4 g) harissa
- 1 theelepel (5 g) tomatenpuree
- 2 theelepels (4 g) gemalen komijn
- 1 theelepel (2 g) paprikapoeder
- ½ theelepel gemalen kaneel
- Kosjer zout en versgemalen zwarte peper
- 2 kopjes (400 g) kikkererwten, uitgelekt
- 1 (14 ounce, of 392 g) blikje tomatenblokjes
- ¾ kopje (125 g) bulgur
- 1½ kopjes (355 ml) water
- 8 verpakte kopjes (560 g) geraspte boerenkool
- 2 avocado's, geschild, ontpit en in dunne plakjes gesneden
- 4 gepocheerde eieren
- 1 recept Muntyoghurtsaus

INSTRUCTIES:

a) Verhit 2 eetlepels (30 ml) olie in een koekenpan op middelhoog vuur tot deze glanst. Voeg de ui toe en kook, af en toe roerend, tot ze zacht en geurig is, ongeveer 5 minuten. Roer de knoflook, harissa, tomatenpuree, komijn, paprika, kaneel, zout en peper erdoor en kook gedurende 2 minuten. Roer de kikkererwten en tomaten erdoor. Breng aan de kook, zet het vuur laag en laat 20 minuten koken. Maak ondertussen de bulgur klaar.

b) Meng de bulgur, het water en een flinke snuf zout in een middelgrote pan. Aan de kook brengen. Zet het vuur laag, dek af en laat sudderen tot het gaar is, 10 tot 15 minuten.

c) Verhit de resterende 1 eetlepel (15 ml) olie in een koekenpan op middelhoog vuur tot deze glanst. Voeg de boerenkool toe en breng op smaak met zout. Kook, af en toe roerend, tot het zacht en verwelkt is, ongeveer 5 minuten.

d) Verdeel de bulgur over kommen om te serveren. Beleg met kikkererwten en tomaten, boerenkool, avocado en een ei. Besprenkel met muntyoghurtsaus.

59. Marokkaanse gestoofde lamsschouder met abrikoos

INGREDIËNTEN:

- 3 pond lamsschouder zonder bot, gesneden in stukken van 1½ tot 2 inch
- Kosjer zout en versgemalen zwarte peper
- Extra vergine olijfolie
- 1 gele ui, medium in blokjes gesneden
- 1 wortel, geschild en in rondjes van een halve centimeter dik gesneden
- 4 teentjes knoflook, fijngehakt
- 1 stuk gember (1 inch), geschild en fijngehakt
- 2 eetlepels ras el hanout
- 1 (14 tot 15 ounce) kan tomaten in blokjes snijden
- 1 kopje kippenbouillon
- ½ kopje water
- ½ kopje gedroogde abrikozen of ontpitte dadels, gehakt
- Sap van ½ citroen
- ¼ kopje geblancheerde amandelen, geroosterd en grof gehakt, voor garnering
- ¼ kopje hele korianderblaadjes, voor garnering

INSTRUCTIES:

a) Schroei het lam. Verwarm de oven voor op 325 ° F. Kruid het lamsvlees met 1 eetlepel zout en 1½ theelepel peper. Verhit in een Nederlandse oven 1 eetlepel olijfolie op middelhoog tot heet. Werk in batches en voeg indien nodig meer olie toe, voeg het lamsvlees in een enkele laag toe. Kook, af en toe omdraaiend, gedurende 10 tot 15 minuten per batch, tot ze aan alle kanten goed bruin zijn. Breng over naar een bord.

b) Kook de groenten. Gooi alles behalve 1 eetlepel vet uit de pot. Voeg de ui, wortel, knoflook en gember toe. Kook, af en toe roerend, en schraap eventuele gebruinde stukjes (fond) van de bodem van de pan, gedurende 1 tot 2 minuten, tot de ui lichtjes zacht is. Voeg de ras-el-hanout toe. Kook, onder regelmatig roeren, ongeveer 1 minuut, tot het geurig is. Doe het lamsvlees samen met eventuele opgehoopte sappen terug in de pan en roer kort zodat de kruiden erdoor worden bedekt.

c) Smoor het lamsvlees. Voeg de tomaten en hun sappen toe en roer om te combineren. Breng op smaak met zout en peper. Voeg de bouillon en het water toe en roer om alles goed te combineren. Verwarm het geheel op middelhoog vuur. Haal van het vuur en bedek met een cirkel van bakpapier. Dek af en breng over naar de oven. Smoor ongeveer 1 uur en 45 minuten, tot het lamsvlees zeer mals is.

d) Maak het smoren af. Haal uit de oven; gooi de perkamentcirkel weg. Roer de abrikozen erdoor en laat 10 tot 15 minuten staan, totdat de abrikozen mollig zijn. Roer het citroensap erdoor. Doe het lamsvlees in een serveerschaal. Garneer met de amandelen en korianderblaadjes en serveer.

60. Marokkaanse lams- en harissaburgers

INGREDIËNTEN:
- 500 gram lamsgehakt
- 2 eetlepels harissapasta
- 1 Eetlepels komijnzaad
- 2 bosjes erfstukwortelen
- 1/2 bosje munt, blaadjes geplukt
- 1 Eetlepels rode wijnazijn
- 80 g rode Leicester-kaas, grof geraspt
- 4 briochebroodjes zonder zaadjes, gespleten
- 1/3 kop (65 g) kwark

INSTRUCTIES:
a)	Bekleed een bakplaat met bakpapier. Doe het gehakt in een kom en kruid rijkelijk. Voeg 1 eetlepel harissa toe en meng met schone handen goed door elkaar.
b)	Vorm het lamsmengsel in 4 pasteitjes en bestrooi met komijnzaad. Plaats ze op de voorbereide plaat, dek af en laat afkoelen tot ze nodig zijn (breng de pasteitjes vóór het koken op kamertemperatuur).
c)	Meng ondertussen wortel, munt en azijn in een kom en zet opzij om lichtjes in te pekelen.
d)	Verhit een barbecue- of grillpan tot middelhoog vuur. Grill de pasteitjes gedurende 4-5 minuten aan elke kant of tot er een goede korst ontstaat. Bestrijk met kaas, dek af (gebruik folie als u een grillpan gebruikt) en bak, zonder te draaien, nog eens 3 minuten of tot de kaas is gesmolten en de pasteitjes gaar zijn.
e)	Grill briochebroodjes met de snijzijde naar beneden gedurende 30 seconden of tot ze licht geroosterd zijn. Verdeel de kwark over de broodbodems en bedek met het ingelegde wortelmengsel.
f)	Voeg de pasteitjes en de resterende 1 eetlepel harissa toe. Doe de deksels erop, knijp zo dat de harissa langs de zijkanten naar binnen sijpelt en vast komt te zitten.

61.Rijst- en kikkererwtenbak op Marokkaanse wijze

INGREDIËNTEN:
- Olijfolie kookspray
- 1 kop langkorrelige bruine rijst
- 2 ¼ kopje kippenbouillon
- 1 (15,5 ounce) blik kikkererwten, uitgelekt en gespoeld
- ½ kopje in blokjes gesneden wortel
- ½ kopje groene erwten
- 1 theelepel gemalen komijn
- ½ theelepel gemalen kurkuma
- ½ theelepel gemalen gember
- ½ theelepel uienpoeder
- ½ theelepel zout
- ¼ theelepel gemalen kaneel
- ¼ theelepel knoflookpoeder
- ¼ theelepel zwarte peper
- Verse peterselie, ter garnering

INSTRUCTIES:
a) Verwarm de luchtfriteuse voor op 380 ° F. Bestrijk de binnenkant van een braadpan met een capaciteit van 5 kopjes lichtjes met olijfolie-kookspray. (De vorm van de braadpan hangt af van de grootte van de airfryer, maar er moeten minstens vijf kopjes in passen.)
b) Meng in de ovenschaal de rijst, bouillon, kikkererwten, wortel, erwten, komijn, kurkuma, gember, uienpoeder, zout, kaneel, knoflookpoeder en zwarte peper. Roer goed om te combineren.
c) Dek losjes af met aluminiumfolie.
d) Plaats de afgedekte ovenschaal in de airfryer en bak gedurende 20 minuten. Haal uit de airfryer en roer goed.
e) Plaats de braadpan terug in de heteluchtfriteuse, onbedekt, en bak nog 25 minuten.
f) Roer het geheel los met een lepel en bestrooi het met verse gehakte peterselie voordat u het serveert.

62. Marokkaanse zalm- en gierstkommen

INGREDIËNTEN:
- ¾ kopje (130 g) gierst
- 2 kopjes (470 ml) water
- Kosjer zout en versgemalen zwarte peper
- 3 eetlepels (45 ml) avocado- of extra vergine olijfolie, verdeeld
- ½ kopje (75 g) gedroogde bessen
- ¼ kopje (12 g) fijngehakte verse munt
- ¼ kopje (12 g) fijngehakte verse peterselie
- 3 middelgrote wortels
- 1½ eetlepel (9 g) harissa
- 1 theelepel (6 g) honing
- 1 teentje knoflook, fijngehakt
- ½ theelepel gemalen komijn
- ½ theelepel gemalen kaneel
- 4 (4 tot 6 ounce, 115 tot 168 g) zalmfilets
- ½ middelgrote Engelse komkommer, gehakt
- 2 verpakte kopjes (40 g) rucola
- 1 recept Muntyoghurtsaus

INSTRUCTIES:
a) Verwarm de oven voor op 220°C (of gasstand 7).
b) Voeg de gierst toe aan een grote, droge pan en rooster op middelhoog vuur goudbruin, 4 tot 5 minuten. Voeg het water en een flinke snuf zout toe. Het water zal spetteren, maar zal snel bezinken.
c) Aan de kook brengen. Zet het vuur laag, roer 1 eetlepel (15 ml) olie erdoor, dek af en laat sudderen tot het meeste water is opgenomen, 15 tot 20 minuten. Haal van het vuur en stoom in de pan gedurende 5 minuten. Eenmaal afgekoeld, roer de krenten, munt en peterselie erdoor.
d) Schil ondertussen de wortels en snijd ze in rondjes van 1,3 cm dik. Meng 1½ eetlepel (23 ml) olie, harissa, honing, knoflook, zout en peper in een middelgrote kom. Voeg de wortels toe en meng om te combineren.
e) Verdeel het mengsel in een gelijkmatige laag aan één kant van een met bakpapier beklede bakplaat. Rooster de wortels gedurende 12 minuten.
f) Meng de resterende ½ eetlepel (7 ml) olie, komijn, kaneel en ½ theelepel zout in een kleine kom. Bestrijk de zalmfilets ermee.
g) Haal de bakplaat uit de oven. Draai de wortels om en leg de zalm op de andere kant. Rooster tot de zalm gaar is en gemakkelijk uit elkaar valt, 8 tot 12 minuten, afhankelijk van de dikte.
h) Verdeel de gekruide gierst over kommen om te serveren. Beleg met een zalmfilet, geroosterde wortels, komkommer en rucola en besprenkel met muntyoghurtsaus.

63. Stoofpot van tuinbonen en vlees

INGREDIËNTEN:
- 1 pond Mager rundvlees
- Of lam; snee
- In middelgrote stukken
- Zout en peper
- 1 theelepel Gember
- ½ theelepel Kurkuma
- 4 teentjes knoflook; verpletterd
- 1 grote ui; fijn gesneden
- ½ kopje Fijngehakte verse korianderblaadjes
- 1½ kopje water
- 4 eetlepels olijfolie
- 2 kopjes verse tuinbonen
- Of ingeblikte fava's van 19 oz; gedraineerd
- 5 eetlepels Citroensap
- ½ kopje ontpitte zwarte olijven; optioneel

INSTRUCTIES:
a) Doe het vlees, zout, peper, gember, kurkuma, knoflook, ui, koriander (koriander), water en olie in een pan; dek af en kook op middelhoog vuur tot het vlees gaar is. (90 minuten of meer)
b) Voeg de tuinbonen toe en blijf koken tot de bonen gaar zijn.
c) Roer het citroensap erdoor. Doe het in een serveerschaal en versier met olijven.

64.Marokkaanse Lams Chili

INGREDIËNTEN:
- 2 pond lamsgehakt
- 2 eetlepels olijfolie
- 1 grote ui, gehakt
- 4 teentjes knoflook, fijngehakt
- 2 rode paprika's, gehakt
- 1 blik (28 oz) tomatenblokjes, ongedraineerd
- 2 blikjes (elk 15 oz) kikkererwten, uitgelekt en afgespoeld
- 2 eetlepels harissapasta
- 1 theelepel gemalen kaneel
- 1/2 theelepel gemalen gember
- Zout en peper naar smaak

INSTRUCTIES:
a) Verhit olijfolie in een grote pan op middelhoog vuur.
b) Voeg ui en knoflook toe en bak tot de ui glazig is.
c) Voeg gemalen lamsvlees toe en kook tot het bruin is.
d) Voeg de rode paprika toe en kook nog 5 minuten.
e) Voeg de in blokjes gesneden tomaten, kikkererwten, harissapasta, kaneel, gember, zout en peper toe.
f) Breng aan de kook, zet het vuur laag en laat 30 minuten sudderen.
g) Serveer warm en geniet ervan!

65.Tuinbonenpuree - bissara

INGREDIËNTEN:
- 2 kopjes Grote droge tuinbonen; een nacht geweekt
- En leeggelopen
- 3 teentjes knoflook; verpletterd
- Zout; proeven
- ½ kopje olijfolie
- 8 kopjes water
- 5 eetlepels Citroensap
- 2 theelepels komijn
- 1 theelepel paprikapoeder
- ½ theelepel Chilipoeder
- ½ kopje Gehakte peterselie

INSTRUCTIES:
a) Doe de tuinbonen, knoflook, zout, 4 eetlepels olijfolie en water in een pan; kook vervolgens op middelhoog vuur tot de bonen gaar zijn.
b) Doe de bonen in een keukenmachine en verwerk ze tot een gladde massa, en doe ze dan terug in de pot. Voeg het citroensap en de komijn toe en kook 5 minuten op laag vuur.
c) Schep op een serveerschaal. Giet de resterende olijfolie gelijkmatig over de bovenkant; bestrooi vervolgens met de paprika- en chilipoeder.
d) Garneer met de peterselie en serveer.

66.Tajine van lam en peer

INGREDIËNTEN:
- 2 mediums Uien; geschild en in plakjes gesneden
- 1 eetlepel olijfolie; licht
- 6 ons Lam; in blokjes gesneden, bijgesneden
- 1 eetlepel Madeira
- ½ theelepel Gemalen komijn
- ½ theelepel Gemalen koriander
- ½ theelepel Geraspte gemberwortel
- ¼ theelepel Gemalen kaneel; of meer indien gewenst
- ½ theelepel Gemalen zwarte peper
- 1½ kopje koud water; of te bedekken
- 1 theelepel honing
- 1 grote Bosc-peer; klokhuis verwijderd en in stukken gesneden, vervolgens in stukjes van 1/2 "gehakt (schil blijft zitten)
- ¼ kopje Gouden pitloze rozijnen OF rozijnen
- 2 eetlepels   Geschaafde amandelen; geroosterd
- Zout en peper; proeven
- 1½ kopje gekookte rijst; gemengd met
- 1 theelepel Gehakte verse basilicum
- 1⅓ kopje gesneden wortelen; gestoomd

INSTRUCTIES:
a) Fruit de ui in een grote pan zachtjes in de olijfolie tot ze zacht en zoet is (20 minuten). Voeg het vlees toe aan de pan en kook tot het van kleur verandert. Voeg de kruiden toe; roer tot het opgewarmd en droog is. Voeg de wijn toe en verbrand deze snel. Voeg vervolgens koud kraanwater toe, zodat het vlees net onderstaat. Dek af en laat zachtjes sudderen tot het vlees gaar is, ongeveer 45 minuten.

b) Ontdekken. Voeg de peren samen met de rozijnen en amandelen toe aan het vlees (kort opgewarmd in een droge koekenpan). Laat nog 10 tot 15 minuten sudderen of tot de peren zacht maar niet te zacht zijn. Proef en pas zout en peper aan.

c) Als de saus te dun lijkt, kunt u deze dikker maken met arrowroot of aardappelzetmeel. Serveer op rijst met wortels ernaast.

67. Marrakesh rijst- en linzensoep

INGREDIËNTEN:
- ¼ kopje linzen; een nacht erin geweekt
- 7 kopjes Water
- 2 eetlepels Olijfolie
- ½ kopje Fijngehakte verse korianderblaadjes
- 1 theelepel Paprika
- ½ kopje rijst; gespoeld
- Zout en peper
- ½ theelepel komijn
- 1 stuk chilipoeder
- 2 eetlepels Meel; opgelost in
- ½ kopje water
- ¼ kopje Citroensap

INSTRUCTIES:
a) Linzen hoeven niet te weken; en meestal sorteren en wassen we ze voordat we ze gebruiken. Als ze doorweekt zijn, kunnen we de kooktijd met de helft verkorten.
b) Doe de linzen en het weekwater, de olijfolie, korianderblaadjes en paprikapoeder in een pan. Breng op hoog vuur aan de kook.
c) Dek af en kook op middelhoog vuur gedurende 25 minuten; Voeg vervolgens de resterende ingrediënten toe, behalve het bloemmengsel en het citroensap, en kook nog eens 20 minuten of tot de rijstkorrels gaar maar nog steeds heel zijn.
d) Haal van het vuur en roer langzaam de bloempasta en het citroensap erdoor.
e) Zet het vuur terug en breng aan de kook. Serveer onmiddellijk.

68. Dikke kikkererwten-vleessoep / hareera

INGREDIËNTEN:
- ¼ pond Kikkererwten; een nacht geweekt
- ½ kopje boter
- 2 kopjes Gehakte ui; verdeeld
- Zout en peper
- ½ pond Lams- of runderbotten
- 1 snufje kaneel
- 1 snufje Saffraan
- 3 liter water
- ½ kopje Fijngehakte verse korianderblaadjes
- 2 kopjes Tomatensap
- 1 kopje rijst; gespoeld
- 3 eetlepels Meel
- ½ kopje Fijngehakte verse peterselie
- ¼ kopje Citroensap; optioneel

INSTRUCTIES:
a) Splits de kikkererwten en verwijder de schil. Opzij zetten.
b) Smelt de boter in een pan en voeg 1 kopje uien, zout en peper toe. Bak op middelhoog vuur tot de uien lichtbruin worden.
c) Snijd het vlees van de botten en snijd het in blokjes. Roer het in blokjes gesneden vlees en de botten door de pan en bak verder tot het vlees lichtbruin kleurt. Voeg het resterende kopje uien, de kikkererwten, de kaneel, de saffraan en 1 liter water toe en kook tot de kikkererwten gaar zijn. Roer 1 eetlepel korianderblaadjes erdoor en kook nog 5 minuten. Opzij zetten.
d) Kook in een andere pan de resterende twee liter water, het tomatensap, zout en peper gedurende 5 minuten. Voeg de rijst toe en breng aan de kook; zet dan het vuur lager en laat sudderen tot de rijst gaar is.
e) Meng de bloem met 3 eetlepels koud water tot een dunne pasta. Roer de pasta langzaam door het rijstmengsel. Voeg de rest van de koriander en peterselie toe. Kook nog 5 minuten. Meng de vlees- en rijstmengsels en serveer.

69.Marokkaanse Quinoa-kom

INGREDIËNTEN:
- 1 kopje gekookte quinoa
- 1 kop kerstomaatjes, gehalveerd
- 1 komkommer, in blokjes gesneden
- ½ kopje kikkererwten, uitgelekt en afgespoeld
- ¼ kopje Kalamata-olijven, in plakjes gesneden

INSTRUCTIES:
a) Meng in een kom gekookte quinoa, kerstomaatjes, komkommer, kikkererwten en Kalamata-olijven.
b) Gooi de ingrediënten samen.
c) Garneer met verse peterselie.
d) Serveer op kamertemperatuur of gekoeld.

70.Kip Marsala

INGREDIËNTEN:
- ¼ kopje bloem
- Zout en peper naar smaak
- 4 kipfilets zonder botten, gestampt
- ¼ kopje boter
- 1 kopje marsala

INSTRUCTIES:
a) Meng bloem, zout en peper in een mengkom.
b) Haal de gestampte kipfilets door het bloemmengsel.
c) Smelt de boter in een grote koekenpan.
d) Kook de gebaggerde kipfilets gedurende 4 minuten aan elke kant.
e) Voeg in dezelfde koekenpan marsala toe en kook de kip nog eens 10 minuten op laag vuur.
f) Breng de gekookte kip over naar een serveerschaal.

71.Marokkaanse groentewrap

INGREDIËNTEN:
- 1 volkoren wrap of platbrood
- 2 eetlepels hummus
- ½ kopje gemengde saladegroenten
- ¼ kopje komkommer, in dunne plakjes gesneden
- ¼ kopje kerstomaatjes, gehalveerd

INSTRUCTIES:
a) Verdeel de hummus gelijkmatig over de volkoren wrap.
b) Laag gemengde saladegroenten, komkommer en kerstomaatjes.
c) Rol de wrap strak op en snijd hem doormidden.

72. Knoflook Cheddar Kip

INGREDIËNTEN:
- ¼ kopje boter
- ½ kopje geraspte Parmezaanse kaas
- ½ kopje Panko-broodkruimels
- 1 ¼ kopjes scherpe cheddarkaas
- 8 kipfilets

INSTRUCTIES:

a) Verwarm de oven voor op 350 graden Fahrenheit.

b) Smelt de boter in een koekenpan en kook de gehakte knoflook gedurende 5 minuten.

c) Meng in een grote mengkom Parmezaanse kaas, Panko-paneermeel, cheddarkaas, Italiaanse kruiden, zout en peper.

d) Doop elke kipfilet in de gesmolten boter en bestrijk hem vervolgens met het broodkruimmengsel.

e) Plaats elke gecoate kipfilet in een ovenschaal.

f) Sprenkel de resterende boter erover.

g) Verwarm de oven voor op 350 ° F en bak gedurende 30 minuten.

h) Voor extra knapperigheid plaats je het geheel 2 minuten onder de grill.

73. Garnalen Met Pesto Roomsaus

INGREDIËNTEN:
- 1 pakje linguinepasta
- 1 Eetlepel olijfolie
- 1 kopje gesneden champignons
- ½ kopje zware room
- 1 kopje pesto

INSTRUCTIES:

a) Kook de pasta volgens de instructies op de verpakking en laat hem vervolgens uitlekken.

b) Verhit de olijfolie in een koekenpan en bak de gesneden champignons gedurende 5 minuten.

c) Roer de slagroom erdoor, breng op smaak met zout, peper en cayennepeper en laat 5 minuten sudderen.

d) Voeg geraspte Pecorino Romano-kaas toe en klop tot het gesmolten is.

e) Meng de pesto en de gekookte garnalen erdoor en kook nog eens 5 minuten.

f) Bestrijk de gekookte pasta met de saus.

74. Spaanse Ratatouille

INGREDIËNTEN:
- 1 ui van gemiddelde grootte (in plakjes of gehakt)
- 1 teentje knoflook
- 1 Courgette (gehakt)
- 1 blikje tomaten (gehakt)
- 3 Eetlepels olijfolie

INSTRUCTIES:
a) Giet de olijfolie in een pan.
b) Gooi de uien erbij. Houd rekening met een frituurtijd van 4 minuten op middelhoog vuur.
c) Voeg de knoflook toe en bak nog 2 minuten.
d) Voeg de gehakte courgette en tomaten toe aan de pan. Breng op smaak met zout en peper.
e) Kook gedurende 30 minuten of tot het klaar is.
f) Garneer eventueel met verse peterselie.
g) Serveer met rijst of toast als bijgerecht.

75.Garnalen met Venkel

INGREDIËNTEN:
- 2 teentjes knoflook (in plakjes gesneden)
- 2 Eetlepels olijfolie
- 1 venkelknol
- 600 gram kerstomaatjes
- 15 grote garnalen, gepeld

INSTRUCTIES:

a) Verhit de olie in een grote pan. Fruit de gesneden knoflook tot ze goudbruin zijn.

b) Voeg de venkel toe aan de pan en kook gedurende 10 minuten op laag vuur.

c) Meng in een grote mengkom tomaten, zout, peper, manzanilla-sherry en witte wijn. Breng 7 minuten aan de kook tot de saus dikker wordt.

d) Leg de gepelde garnalen erop en kook 5 minuten of tot de garnalen roze kleuren.

e) Garneer met blaadjes peterselie.

f) Serveer met een stukje brood.

76.Gebakken Marokkaanse Zalm

INGREDIËNTEN:
- 4 zalmfilets
- 2 eetlepels olijfolie
- 2 eetlepels citroensap
- 2 teentjes knoflook, fijngehakt
- 1 theelepel gedroogde oregano

INSTRUCTIES:

a) Verwarm de oven voor op 200 °C.

b) Meng in een kleine kom olijfolie, citroensap, gehakte knoflook, gedroogde oregano, zout en peper.

c) Leg de zalmfilets op een bakplaat bekleed met bakpapier.

d) Bestrijk de zalm met het olijfoliemengsel.

e) Bak in de voorverwarmde oven gedurende 20-25 minuten, of tot de zalm gaar is.

f) Serveer de gebakken Marokkaanse zalm op een bedje van je favoriete granen of naast een frisse salade.

77. Witte Bonensoep

INGREDIËNTEN:
- 1 gesnipperde ui
- 2 Eetlepels olijfolie
- 2 fijngehakte stengels bleekselderij
- 3 fijngehakte teentjes knoflook
- 4 kopjes ingeblikte cannellinibonen

INSTRUCTIES:

a) Verhit de olie in een grote pan.

b) Kook de selderij en ui ongeveer 5 minuten.

c) Voeg de gehakte knoflook toe en roer om te combineren. Kook nog eens 30 seconden.

d) Voeg de ingeblikte cannellinibonen, 2 kopjes kippenbouillon, rozemarijn, zout en peper toe, evenals de broccoli.

e) Breng de vloeistof aan de kook en zet het vervolgens 20 minuten op laag vuur.

f) Pureer de soep met een staafmixer tot de gewenste gladheid is bereikt.

g) Zet het vuur laag en besprenkel met de truffelolie.

h) Schep de soep in borden en serveer.

78.Garnaal gamba's

INGREDIËNTEN:
- 1/2 kopje olijfolie
- Sap van 1 citroen
- 2 theelepels zeezout
- 24 middelgrote garnalen , in de schaal met intacte koppen

INSTRUCTIES:
a) Meng de olijfolie, het citroensap en het zout in een mengkom en klop tot alles goed gemengd is. Om de garnalen lichtjes te bedekken, dompelt u ze een paar seconden in het mengsel.
b) Verhit de olie in een droge koekenpan op hoog vuur. Werk in batches en voeg de garnalen in een enkele laag toe zonder de pan te verdringen als deze erg heet is. 1 minuut aanbraden
c) Zet het vuur middelhoog en kook nog een minuut. Zet het vuur hoog en bak de garnalen nog 2 minuten, of tot ze goudbruin zijn.
d) Houd de garnalen warm in een lage oven op een ovenvast bord.
e) Kook de overige garnalen op dezelfde manier.

79. Gegrilde Citroenkruidkip

INGREDIËNTEN:
- 4 kipfilets zonder bot en zonder vel
- 2 citroenen
- 2 eetlepels olijfolie
- 2 theelepels gedroogde oregano
- Zout en peper naar smaak

INSTRUCTIES:

a) Verwarm de grill voor op middelhoog vuur.

b) Meng in een kom het sap van een citroen, olijfolie, gedroogde oregano, zout en peper.

c) Doe de kipfilets in een hersluitbare plastic zak en giet de marinade erover. Sluit de zak en laat hem minimaal 30 minuten marineren.

d) Grill de kip ongeveer 6-8 minuten per kant of tot hij volledig gaar is.

e) Knijp voor het serveren het sap van de overgebleven citroen uit over de gegrilde kip.

80.Tomaat- en basilicumpasta

INGREDIËNTEN:
- 8 oz volkoren spaghetti
- 2 kopjes kerstomaatjes, gehalveerd
- 1/4 kopje verse basilicum, gehakt
- 2 eetlepels extra vergine olijfolie
- 2 teentjes knoflook, fijngehakt

INSTRUCTIES:
a) Kook de spaghetti volgens de instructies op de verpakking.
b) Meng in een grote kom de kerstomaatjes, verse basilicum, olijfolie en gehakte knoflook.
c) Doe de gekookte spaghetti in de kom en meng tot alles goed gemengd is.
d) Serveer onmiddellijk, eventueel gegarneerd met extra verse basilicum.

81. Gebakken zalm met Marokkaanse salsa

INGREDIËNTEN:
- 4 zalmfilets
- 1 kop kerstomaatjes, in blokjes gesneden
- 1/2 komkommer, in blokjes gesneden
- 1/4 kopje Kalamata-olijven, in plakjes gesneden
- 2 eetlepels extra vergine olijfolie
- 1 eetlepel vers citroensap

INSTRUCTIES:
a) Verwarm de oven voor op 200 °C.
b) Leg de zalmfilets op een bakplaat bekleed met bakpapier.
c) Meng in een kom de in blokjes gesneden kerstomaatjes, komkommer, olijven, olijfolie en citroensap om de salsa te maken.
d) Schep de salsa over de zalmfilets.
e) Bak gedurende 15-20 minuten of tot de zalm gaar is.

82. Stoofpotje van Kikkererwten en Spinazie

INGREDIËNTEN:
- 2 blikjes (elk 15 oz) kikkererwten, uitgelekt en afgespoeld
- 1 ui, gehakt
- 3 teentjes knoflook, fijngehakt
- 1 blikje tomatenblokjes (14 oz).
- 4 kopjes verse spinazie
- Zout en peper naar smaak

INSTRUCTIES:

a) Fruit de gesnipperde ui en knoflook in een grote pan tot ze zacht zijn.

b) Voeg de kikkererwten en de tomatenblokjes met hun sap toe. Goed roeren.

c) Laat 15-20 minuten sudderen, zodat de smaken zich kunnen vermengen.

d) Voeg de verse spinazie toe en kook tot deze geslonken is.

e) Breng voor het serveren op smaak met peper en zout.

83.Citroen-knoflook-garnalenspiesjes

INGREDIËNTEN:
- 1 pond grote garnalen, gepeld en ontdaan van darmen
- 3 eetlepels olijfolie
- 3 teentjes knoflook, fijngehakt
- Schil van 1 citroen
- 2 eetlepels verse peterselie, gehakt

INSTRUCTIES:

a) Verwarm de grill of grillpan voor.

b) Meng in een kom olijfolie, gehakte knoflook, citroenschil en gehakte peterselie.

c) Rijg de garnalen aan spiesjes en bestrijk ze met het citroen-knoflookmengsel.

d) Grill de garnalenspiesjes gedurende 2-3 minuten per kant of tot ze ondoorzichtig zijn.

e) Serveer met extra partjes citroen.

84. Quinoa Saladekom

INGREDIËNTEN:
- 1 kopje quinoa, gekookt
- 1 komkommer, in blokjes gesneden
- 1 kop kerstomaatjes, gehalveerd
- 1/2 kop fetakaas, verkruimeld
- 2 eetlepels rode wijnazijn

INSTRUCTIES:
a) Meng in een kom gekookte quinoa, komkommer, kerstomaatjes en fetakaas.
b) Besprenkel met rode wijnazijn en meng om te combineren.
c) Serveer als een verfrissende quinoa-saladekom.

85. Aubergine en Kikkererwtenstoofpot

INGREDIËNTEN:
- 1 grote aubergine, in blokjes gesneden
- 1 blik kikkererwten (15 oz), uitgelekt en afgespoeld
- 1 blikje tomatenblokjes (14 oz).
- 1 ui, gehakt
- 2 eetlepels olijfolie

INSTRUCTIES:

a) In een grote pan fruit je de gesnipperde ui in olijfolie tot ze zacht is.

b) Voeg de in blokjes gesneden aubergine, kikkererwten en in blokjes gesneden tomaten met hun sap toe.

c) Laat 20-25 minuten sudderen of tot de aubergine gaar is.

d) Breng voor het serveren op smaak met peper en zout.

86.Citroenkruid Gebakken Kabeljauw

INGREDIËNTEN:
- 4 kabeljauwfilets
- Sap van 2 citroenen
- 3 eetlepels olijfolie
- 2 theelepels gedroogde tijm
- Zout en peper naar smaak

INSTRUCTIES:

a) Verwarm de oven voor op 200 °C.
b) Leg de kabeljauwfilets in een ovenschaal.
c) Meng in een kom citroensap, olijfolie, gedroogde tijm, zout en peper.
d) Giet het mengsel over de kabeljauwfilets.
e) Bak gedurende 15-20 minuten of totdat de kabeljauw gemakkelijk uit elkaar valt met een vork.

87. Marokkaanse Linzensalade

INGREDIËNTEN:
- 1 kop gekookte linzen
- 1 komkommer, in blokjes gesneden
- 1 kop kerstomaatjes, gehalveerd
- 1/4 kopje rode ui, fijngehakt
- 2 eetlepels balsamicovinaigrette

INSTRUCTIES:
a) Meng in een grote kom gekookte linzen, in blokjes gesneden komkommer, kerstomaatjes en gehakte rode ui.
b) Besprenkel met balsamicovinaigrette en meng om te combineren.
c) Serveer als een hartige linzensalade.

88.Met spinazie en feta gevulde paprika's

INGREDIËNTEN:
- 4 paprika's, gehalveerd en zaden verwijderd
- 2 kopjes verse spinazie, gehakt
- 1 kopje fetakaas, verkruimeld
- 1 blikje tomatenblokjes (14 oz), uitgelekt
- 2 eetlepels olijfolie

INSTRUCTIES:
a) Verwarm de oven voor op 190°C.
b) Meng in een kom de gehakte spinazie, fetakaas, in blokjes gesneden tomaten en olijfolie.
c) Vul elke paprikahelft met het spinazie-fetamengsel.
d) Bak gedurende 25-30 minuten of tot de paprika gaar is.

89.Garnalen- en avocadosalade

INGREDIËNTEN:
- 1 pond garnalen, gepeld en ontdaan van darmen
- 2 avocado's, in blokjes gesneden
- 1 kop kerstomaatjes, gehalveerd
- 2 eetlepels verse koriander, gehakt
- Sap van 1 limoen

INSTRUCTIES:

a) Kook de garnalen in een koekenpan tot ze roze en ondoorzichtig zijn.

b) Meng in een kom gekookte garnalen, in blokjes gesneden avocado's, kerstomaatjes en gehakte koriander.

c) Besprenkel met limoensap en roer voorzichtig door elkaar.

d) Serveer als een verfrissende garnalen-avocadosalade.

90.Italiaanse Gebakken Kippendijen

INGREDIËNTEN:
- 4 kippendijen, met bot en vel
- 1 blikje tomatenblokjes, ongedraineerd
- 2 eetlepels olijfolie
- 2 theelepels Italiaanse kruiden
- Zout en peper naar smaak

INSTRUCTIES:
a) Verwarm de oven voor op 190°C.
b) Leg de kippendijen in een ovenschaal.
c) Meng in een kom de in blokjes gesneden tomaten, olijfolie, Italiaanse kruiden, zout en peper.
d) Giet het tomatenmengsel over de kippendijen.
e) Bak gedurende 35-40 minuten of tot de kip een interne temperatuur van 74°C heeft bereikt.

91.Met Quinoa Gevulde Paprika's

INGREDIËNTEN:
- 4 paprika's, gehalveerd en zaden verwijderd
- 1 kopje gekookte quinoa
- 1 blikje zwarte bonen (15 oz), uitgelekt en afgespoeld
- 1 kopje maïskorrels (vers of bevroren)
- 1 kop salsa

INSTRUCTIES:
a) Verwarm de oven voor op 190°C.
b) Meng gekookte quinoa, zwarte bonen, maïs en salsa in een kom.
c) Schep het quinoamengsel in elke paprikahelft.
d) Bak gedurende 25-30 minuten of tot de paprika gaar is.

NAGERECHT

92. Marokkaanse sinaasappel- en kardemomcake

INGREDIËNTEN:
- 2 sinaasappels, geschrobd
- Zaden van 6 groene kardemompeulen, geplet
- 6 grote eieren
- Pakje gemalen amandelen van 200 gram
- 50 g polenta
- 25 g zelfrijzend bakmeel
- 2 theelepel bakpoeder
- 1 eetl geschaafde amandelen
- Griekse yoghurt of room, om te serveren

INSTRUCTIES:
a) Doe de hele sinaasappels in een pan, bedek ze met water en kook gedurende 1 uur tot een mes ze gemakkelijk kan doorboren. Plaats indien nodig een klein pandeksel er direct bovenop om ze onder water te houden.
b) Verwijder de sinaasappels, laat afkoelen, snijd ze in vieren en verwijder de zaden en het merg. Pureer tot een grove puree met een staafmixer of keukenmachine en doe het in een grote kom.
c) Verwarm de oven voor op 160C/140C hetelucht/gas 3.
d) Bekleed de bodem en zijkanten van een cakevorm met losse bodem van 21 cm met bakpapier.
e) Klop de kardemom en de eieren door de sinaasappelpuree.
f) Meng de gemalen amandelen met polenta, bloem en bakpoeder en roer ze door het sinaasappelmengsel tot alles goed gemengd is.
g) Schep het mengsel in de bakvorm, maak de bovenkant waterpas en bak gedurende 40 minuten.
h) Strooi na 40 minuten de geschaafde amandelen over de cake, zet terug in de oven en bak nog eens 20-25 minuten totdat een in het midden gestoken satéprikker er schoon uitkomt.
i) Haal uit het blik en laat afkoelen.
j) Serveer in plakjes gesneden als taart of met Griekse yoghurt of room als dessert.

93. Marokkaanse Sinaasappelsorbet

INGREDIËNTEN:
- 4 kopjes vers sinaasappelsap
- ½ kopje honing
- Schil van 1 sinaasappel
- 1 eetlepel citroensap

INSTRUCTIES:

a) Meng in een kom vers sinaasappelsap, honing, sinaasappelschil en citroensap. Roer tot de honing is opgelost.

b) Giet het mengsel in een ijsmachine en draai volgens de instructies van de fabrikant.

c) Eenmaal gekarnd, brengt u de sorbet over in een container met deksel en vriest u deze minimaal 2 uur in voordat u hem serveert.

d) Schep en geniet!

94. Abrikozen- en amandeltaart

INGREDIËNTEN:
- 1 vel bladerdeeg, ontdooid
- ½ kopje amandelmeel
- ¼ kopje honing
- 1 theelepel amandelextract
- 1 kop verse abrikozen, in plakjes gesneden

INSTRUCTIES:

a) Verwarm de oven voor op 190°C. Rol het bladerdeeg uit op een bakplaat.
b) Meng amandelmeel, honing en amandelextract in een kom.
c) Verdeel het amandelmengsel over het bladerdeeg.
d) Leg de gesneden abrikozen erop.
e) Bak gedurende 20-25 minuten of tot het deeg goudbruin is.
f) Laat de taart afkoelen voordat je hem aansnijdt.

95.Marokkaanse Gebakken Perziken

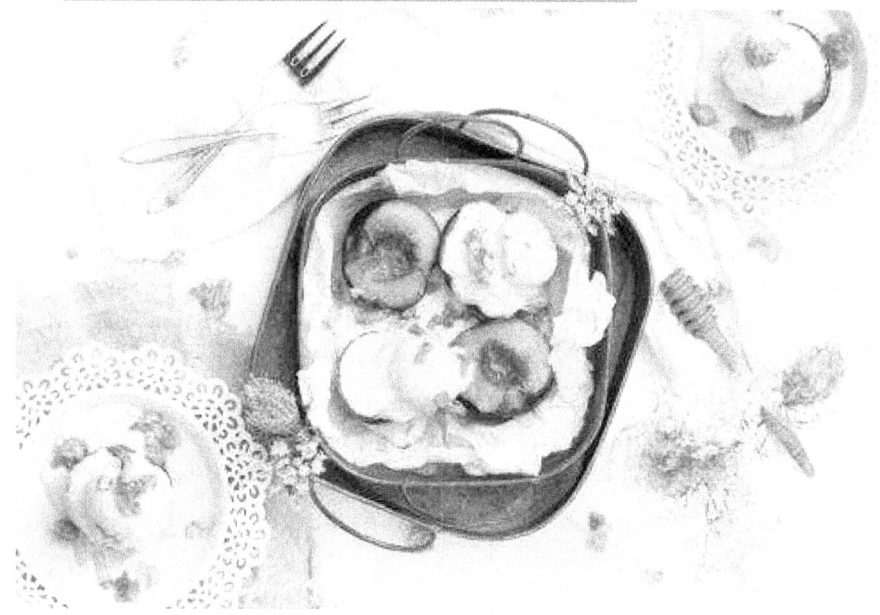

INGREDIËNTEN:
- 4 rijpe perziken, gehalveerd en ontpit
- 2 eetlepels honing
- ¼ kopje gehakte walnoten of amandelen
- 1 theelepel gemalen kaneel
- 1 eetlepel extra vergine olijfolie

INSTRUCTIES:
a) Verwarm de oven voor op 190°C.
b) Leg de perzikhelften met de snijkant naar boven in een ovenschaal.
c) Sprenkel honing over elke perzikhelft.
d) Strooi de gehakte noten gelijkmatig over de perziken.
e) Bestrooi de perziken met gemalen kaneel.
f) Druppel extra vergine olijfolie erover.
g) Bak in de voorverwarmde oven gedurende 20-25 minuten of tot de perziken gaar zijn.
h) Haal ze uit de oven en laat ze iets afkoelen voordat je ze serveert.

96.Olijfolie en Citroenkoekjes

INGREDIËNTEN:
- 2 kopjes amandelmeel
- ¼ kopje olijfolie
- ¼ kopje honing
- Schil van 1 citroen
- ½ theelepel zuiveringszout

INSTRUCTIES:

a) Verwarm de oven voor op 180 °C. Bekleed een bakplaat met bakpapier.

b) Meng in een kom het amandelmeel, de olijfolie, de honing, de citroenschil en het zuiveringszout tot er een deeg ontstaat.

c) Schep porties deeg ter grootte van een eetlepel en rol er balletjes van. Plaats op de voorbereide bakplaat.

d) Maak elke bal plat met een vork, zodat er een kriskras patroon ontstaat.

e) Bak gedurende 10-12 minuten of tot de randen goudbruin zijn.

f) Laat de koekjes afkoelen voordat je ze serveert.

97. Marokkaanse fruitsalade

INGREDIËNTEN:
- 2 kopjes gemengde bessen (aardbeien, bosbessen, frambozen)
- 1 kopje in blokjes gesneden watermeloen
- 1 kopje in blokjes gesneden ananas
- 1 eetlepel verse munt, gehakt
- 1 eetlepel honing

INSTRUCTIES:
a) Meng de gemengde bessen, watermeloen en ananas in een grote kom.
b) Strooi de gehakte munt over de vruchten.
c) Sprenkel de honing over de salade en roer voorzichtig door elkaar.
d) Zet minimaal 30 minuten in de koelkast voordat u het serveert.

98.Marokkaans Honingpudding

INGREDIËNTEN:
- ½ kopje couscous
- 1 ½ kopje amandelmelk (of melk naar keuze)
- 3 eetlepels honing
- ½ theelepel gemalen kaneel
- ¼ kopje gehakte gedroogde vijgen

INSTRUCTIES:

a) Breng de amandelmelk in een pan zachtjes aan de kook.

b) Roer de couscous erdoor, dek af en laat ongeveer 10 minuten op laag vuur sudderen, of tot de couscous gaar is.

c) Roer de honing en gemalen kaneel erdoor. Kook nog eens 2-3 minuten.

d) Haal de pan van het vuur en laat hem iets afkoelen.

e) Roer de gehakte gedroogde vijgen erdoor.

f) Verdeel de pudding over serveerschalen.

g) Serveer warm of gekoeld.

99. Bloemloze cake met amandel en sinaasappel

INGREDIËNTEN:
- 1 kopje amandelmeel
- ¾ kopje suiker
- 3 grote eieren
- Schil van 1 sinaasappel
- ¼ kopje vers sinaasappelsap

INSTRUCTIES:

a) Verwarm de oven voor op 180 °C. Vet een taartvorm in en bekleed deze.

b) Klop in een kom het amandelmeel, de suiker, de eieren, de sinaasappelschil en het verse sinaasappelsap tot een gladde massa.

c) Giet het beslag in de voorbereide pan.

d) Bak gedurende 25-30 minuten of totdat een tandenstoker die je in het midden steekt er schoon uitkomt.

e) Laat de cake afkoelen voordat je hem aansnijdt.

100. Sinaasappel- en olijfoliecake

INGREDIËNTEN:
- 2 kopjes amandelmeel
- 1 kopje suiker
- 4 grote eieren
- ½ kopje extra vergine olijfolie
- Schil van 2 sinaasappels

INSTRUCTIES:
a) Verwarm de oven voor op 180 °C. Vet een taartvorm in en bebloem hem.
b) Klop in een grote kom het amandelmeel, de suiker, de eieren, de olijfolie en de sinaasappelschil tot alles goed gemengd is.
c) Giet het beslag in de voorbereide pan en bak gedurende 30-35 minuten of totdat een tandenstoker die in het midden wordt gestoken er schoon uitkomt.
d) Laat de cake afkoelen en bestrooi hem met poedersuiker voordat je hem serveert.

CONCLUSIE

Nu we onze smaakvolle reis door «Het beste marokkaanse kookboek» afsluiten, hopen we dat je het plezier hebt ervaren van het verkennen van de tijdloze en betoverende wereld van de Marokkaanse keuken. Elk recept op deze pagina's is een eerbetoon aan de versheid, kruiden en gastvrijheid die de Marokkaanse gerechten kenmerken - een bewijs van het rijke scala aan smaken die de keuken zo geliefd maken.

Of je nu hebt genoten van de complexiteit van een klassieke tajine, de geur van Marokkaanse couscous hebt omarmd of je hebt overgegeven aan de zoetheid van inventieve gebakjes, wij vertrouwen erop dat deze recepten je enthousiasme voor de Marokkaanse keuken hebben aangewakkerd. Moge het concept van het verkennen van het eten van een tijdloze keukenliefhebber, afgezien van de ingrediënten en technieken, een bron van verbinding, feest en waardering worden voor de culinaire tradities die mensen samenbrengen.

Terwijl u de wereld van de Marokkaanse keuken blijft verkennen, mag «Het beste marokkaanse kookboek» uw vertrouwde metgezel zijn, die u door een verscheidenheid aan gerechten leidt die de essentie van Marokko weergeven. Hier is het genieten van de gedurfde en aromatische smaken, het delen van maaltijden met dierbaren en het omarmen van de warmte en gastvrijheid die de Marokkaanse keuken bepalen. B'saha!

www.ingramcontent.com/pod-product-compliance
Lightning Source LLC
Chambersburg PA
CBHW071902110526
44591CB00011B/1518